# 城市商业银行合规管理研究

CHENGSHI SHANGYE YINHANG HEGUI GUANLI YANJIU

杨肃昌 刘 层 ◎ 编著

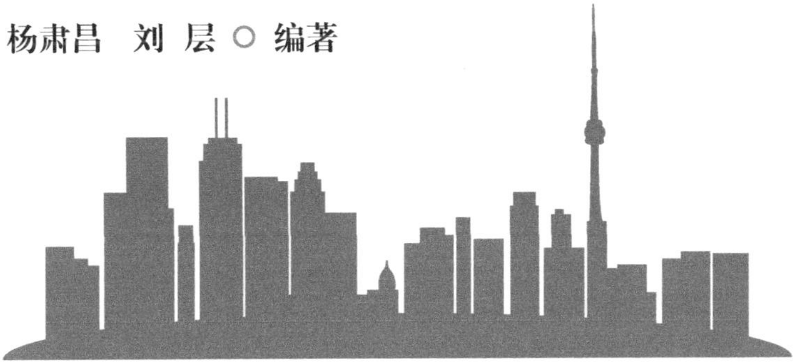

兰州大学出版社
LANZHOU UNIVERSITY PRESS

**图书在版编目（CIP）数据**

城市商业银行合规管理研究 / 杨肃昌，刘层编著
. -- 兰州 : 兰州大学出版社，2021.8
ISBN 978-7-311-05923-1

Ⅰ. ①城… Ⅱ. ①杨… ②刘… Ⅲ. ①商业银行－风险管理－研究－中国 Ⅳ. ①F832.33

中国版本图书馆CIP数据核字(2021)第177266号

责任编辑 王曦莹
封面设计 曲 丹

书 名 城市商业银行合规管理研究
作 者 杨肃昌 刘 层 编著
出版发行 兰州大学出版社 (地址:兰州市天水南路222号 730000)
电 话 0931-8912613(总编办公室) 0931-8617156(营销中心)
0931-8914298(读者服务部)
网 址 http://press.lzu.edu.cn
电子信箱 press@lzu.edu.cn
印 刷 西安日报社印务中心
开 本 710 mm×1020 mm 1/16
印 张 11
字 数 155千
版 次 2021年8月第1版
印 次 2021年8月第1次印刷
书 号 ISBN 978-7-311-05923-1
定 价 38.00元

# 前　言

近几年，全国商业银行违规操作现象屡见不鲜。从数十亿的虚假担保，到几百亿的空壳企业授信，再到几十亿的违规票据案件，类似风险事件和隐患层出不穷，致使商业银行不良贷款率等指标上升。这些都反映出当前国内商业银行合规管理中存在的严重问题。因此，如何加强风险管控能力、提升风险管控技术与效率成为当前银行业的重要议题。

早在2006年，中国银行业监督管理委员会颁布了《商业银行合规风险管理指引》，逐步确立起监管当局对合规风险管理工作的规范和指导。自2016年以来，中国银行业监督管理委员会又进一步对商业银行的合规操作、合规管理工作提出了更高的要求，先后颁布了《关于进一步深化整治银行业市场乱象的通知》《银行业金融机构从业人员行为管理指引》等监管文件。而《商业银行合规风险管理指引》更是从行业、业务、人员、管理等方面提出了更为细致和严格的要求。这种背景下，商业银行必须建立健全合规管理体系，促进合规风险管理效力的提升，以避免外部监管的问责以及招致严苛的行政处罚。因此，推进商业银行合规管理制度建设具有鲜明的现实紧迫性。

利率市场化与差异化竞争日趋加剧。随着利率市场化的完全放开，传统的存贷及其衍生业务的利差空间越发缩小，促使商业银行向传统业务外的新兴业务领域拓展。通过优化和开发相关服务，贯彻落实差异化竞争的战略，以此获得更广阔的经营领域，扩大市场和客户群体，谋求整体效益的最大化。在此过程中也产生了合规风险，一方面，既有的规范体系由于业务、服务、产品重心的移转，其约束效力会因此衰减。另一方面，拓展新兴业务、服务和产品的过程，使得相关业务流程、模块的合规风险管理需要及时跟进和补充，否则会造成新兴领域的合规风险管理空缺，促生新的风险交叉和扩大。因此，为了克服这些问题，同时提高合规风险管理的效率，需要对合规管理体系进行及时的完善与夯实。

而对城市商业银行而言，加强合规管理显得尤为重要。由于历史因素与投资者构成的影响，城市商业银行与国有大型银行、股份制银行之间存在诸多方面的差异，尤其在资产结构和风险承担方面。众所周知，地方商业银行不仅受到对其控股的地方政府影响，也受到内部制度建设、组织设置与效能发挥等方面的制约。进一步看，城市商业银行深受地方政府行政权力的制约，这一点尤其体现在银行与财政部门的关系当中。地方政府行政权力的介入尽管可以融洽政企关系，为盘活地方资源与搞好区域金融服务提供条件，但在实务中商业银行很难把握尺度，从而陷入被政府过度干预的困境。此外，受制于区域的发展空间，城市商业银行会受到区域企业意志的左右，尤其是信贷业务。比如，如果城市商业银行不能考虑区域内企业需求，就可能会有面临客户流失和业务量缩水的风险。因此，区域性企业在很大程度上会对城市商业银行的经营、交易习惯甚至战略方针产生重大影响。

综上可见，当前城市商业银行如何建立起科学、合理和有效的合规管理体系极为重要。

随着人们对商业银行合规管理重要性认识的强化，合规管理理论研究也在不断深化并渐成体系。本书研究目的在于发现和确定当前商业银行尤其是城市商业银行在合规管理工作中存在的问题与症结；确立一套可供城市商业银行合规管理实践中能够借鉴或使用的制度体系和操作方案，在弥补合规管理研究可能存在空白的同时，也能为城市商业银行合规管理工作提供可资参考的研究成果，以助于管理层合规风险管控技术和能力的提高，从而实现合规管理理论与实践应用的有机结合。

本书立足于调查研究，有针对性、可操作性地提出一些分析和解决城市商业银行合规管理问题的思路与方案。目前，像这类侧重实战操作的城市商业银行合规管理研究的著作很少，但愿本书的出版能够给城市商业银行合规管理体系建设与工作的开展有所帮助。

# 目　录

# 第一章
# 概 论

## 一、研究内容

本书研究内容主要集中在：

第一，全国城市商业银行（以下简称城商行）合规管理现状与发展趋势；

第二，国内外金融机构风险管理经验及其对城商行加强和优化合规管理的启示；

第三，城商行合规管理现状与存在的问题；

第四，加强和优化城商行合规管理的意义、困难和方向；

第五，加强和优化城商行合规管理基本思路、战略规划、合规风险管理体系；

第六，构建城商行合规管理体系及其实施过程中需要解决的阶段性问题和具体建议。

## 二、研究过程与方式

在组建研究团队，拟定研究大纲，制订实施方案之后，启动研究活动。

通过实地研究、网络研究、问卷调查等方式收集研究材料和数据，同时按照不同的研究方式撰写和完成若干研究报告。在此基础上，完成对已取得的研究材料的整理、分析和总结工作，最后撰写出书稿。

研究方式主要有：

### （一）全国城商行合规管理网络调研

为全面了解全国城商行合规管理的现状，总结各地城商行在合规管理方面的做法和经验，提炼各地城商行合规管理范例，我们对全国范围内的125家城商行进行了网络研究。这种研究是通过相关网站、网页、媒体渠道，系统地、有针对性地收集、整理有关合规管理方面的文件、报告、讲话、报道、制度、文章、项目书以及官方披露的信息（如银行年度报告、年度内部控制报告、社会责任报告等）内容，并进行进一步分析和研究。

### （二）L银行合规管理问卷调查

通过问卷调查来评价城商行合规管理健全性和有效性程度，揭示城商行合规管理上存在的薄弱环节。本次问卷调查对象主要以某城商行（以下用L银行代替）分支机构管理层和员工为主。

### （三）L银行合规管理实地研究

为了解城商行合规管理现状，总结城商行合规管理好的做法及存在的问题，我们对L银行各个分支行的书面研究材料进行了分析总结，并在此基础上选取了8家分支行，对其进行了实地研究。研究主要采用座谈会方式。

### （四）外省市城商行合规管理实地调研

我们赴重庆银行、郑州银行、江苏银行和南京银行进行了实地研究。这4家城商行都是区域性规模较大的城商行，在业内也是合规管理工作做得比较好的城商行，均有明显的代表性。研究采取座谈会的形式，并与研究组在一系列相关问题上展开讨论与交流，最后形成较为丰富的研究材料。

## 三、研究思路

研究思路如图1-1所示：

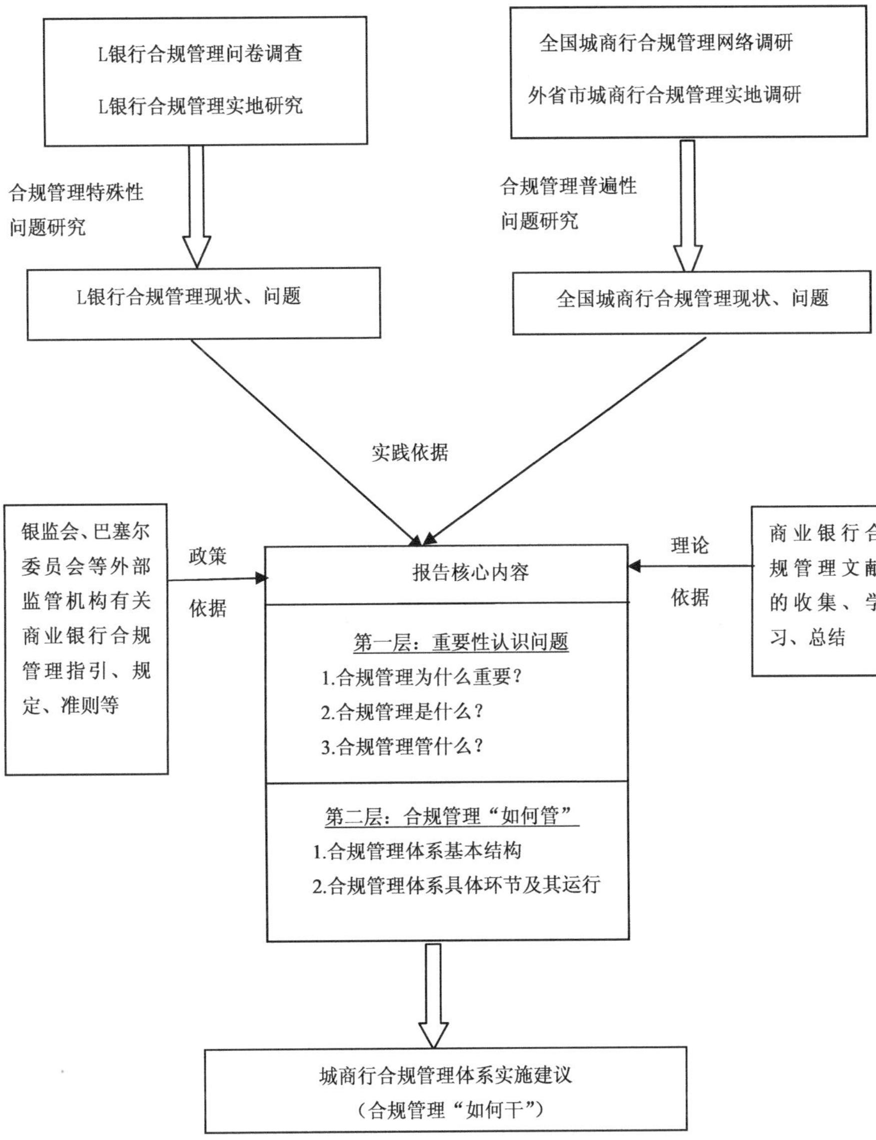


**图1-1 研究思路**

## 四、本书结构

按照上述研究思路，本书按照“基本问题—分报告—总报告—建议”的结构进行安排，分为四部分：

第一部分：基本问题。主要解决城商行合规管理的基本概念、重要性和基本内容等问题。

第二部分：分报告。主要是对诸阶段研究活动的总结。包括：全国城商行合规管理网络调研、L银行合规管理现状与问题、外省市城商行合规管理实地调研。

第三部分：总报告。主要基于分报告，研究和提出城商行合规体系整体框架和具体构成。

第四部分：建议。主要针对城商行合规管理体系的实施提出建议。

## 五、核心建议

如何加强城商行合规管理的具体建议，主要体现在城商行合规管理体系构建之中，我们对这些建议经过充分的酝酿和比较之后，将其中较为重要或突出的部分在此罗列出来，以引起更多的关注。

国际银行业合规管理体系建设的实践和经验表明，商业银行合规管理机制的构建必须突出强调四个方面：一是强调合规是银行内部的一项核心风险管理活动，更是银行实施有效内部控制的一项基础性工作。二是强调“合规应从高层做起”，通过完善公司治理和培育良好的合规文化来加强合规管理，以实现自上而下和自下而上两种风险管理方法的有机结合。三是强调在银行内部组建一个常设的、独立有效的专职合规管理部门，支持和协助银行高级管理层有效管理合规风险，以实现银行的稳健经营。四是强调事前的风险识别和预警，事中的风险控制，以及主动的合规风险管理理念，实现合规风险管理与银行政策和程序的评估与持续改进的良性循环。

这些经验是城商行在合规管理制度建设中应该充分认识和借鉴的。结合城商行实际情况，我们还特别提出以下值得高层关注的若干建议。

第一，明确合规管理的定位，创新风险管理机制。在监管要求上，可以明确规定在风险管理体系中，合规管理是一种独立的风险管理，是一种必须强制性开展的风险管理。与此同时，打造内控与合规管理紧密结合的合规风险管理机制。

第二，制定城商行合规管理政策体系。合规政策反映出城商行合规管理的基本理念、方针和指导思想，也是指导城商行具体合规管理工作的纲领性文件。

第三，鉴于合规管理与内部控制之间的紧密联系，特别是在目标和内容上存在较多的一致性，同时结合银监会监管要求和城商行实际情况，建议在机构设立和职责安排上统筹考虑。

第四，打造城商行合规管理体系的核心工作是：加强合规文化建设；建立专门的合规管理部门和打造专业化队伍的建设；实施以流程管理为导向的制度梳理与整合；强化合规问责制和改革绩效考核机制；等等。

第五，城商行合规建设的有效性取决于三方面主体的共同努力。一是城商行高层对合规管理的重视；二是合规管理部门职能作用的充分发挥；三是业务部门和广大员工的理解和执行。

第六，细化城商行高层在合规管理中的职责和作用方式。董事会和高级管理层做出表率，合规才最为有效。因而城商行高层如何确定其合规基调，如何做出表率，如何切实履行自身的合规职责，应明确并加以细化和考核。

第七，就改革绩效考核机制而言，需体现合规优先和加大合规考核权重，建立正向激励机制。

第八，尽快开发和建立城商行合规管理信息系统。以此强化合规风险监测、识别与评估体系，实现合规管理由部门控制向流程控制的转变，增强合规风险管理的预警性。

就我们实地调研的这四家城商行而言，普遍重视合规管理信息系统建设，以实现合规风险的流程化管理。重庆银行的合规管理系统和南京银行的内控、合规与操作风险管理系统（Governance、Risk and Compliance，简称GRC系统）已运行几年，取得了良好的运行效果。江苏银行的GRC系统刚投入运行，郑州银行的GRC系统刚开始筹备，目前刚完成第一阶段的制度梳理工作。作为致力于管理现代化、科学化、信息化的城商行，在这一点上理应迎头赶上。

第九，目前银行业普遍缺乏高素质的合规管理人才，因而城商行应加大人才培育投入，制订长期合规管理人才人力资源规划，精心打造一批高素质的合规管理人才队伍。

## 六、几项说明

第一，一些研究内容，诸如全国城商行合规管理现状与发展趋势；国内外金融机构风险管理经验及其对城商行加强和优化合规管理的启示；加强和优化城商行合规管理基本思路、战略规划、合规风险管理体系；等等，在报告中没有单独列示，而是分布或体现在城商行合规管理体系及其实施建议之中。

第二，书中的“合规管理”与“合规风险管理”具有相同含义，暂未做进一步差异性分析。

第三，针对解决城商行合规问题的一些具体建议，主要来自城商行实地研究，这些建议主要是信贷管理和前台（柜台）业务管理方面，具体而又零星。解决城商行合规问题的一些制度性、体制性建议，主要体现在城商行合规管理体系之中。

第四，本书的重点是就合规管理体系进行框架性、系统性的说明，所以对于合规风险的流程管理在报告中未做详细说明。

第五，有关合规风险管理的经济资本与具体风险计量模型，在本书中未做研究。

第六，鉴于重要性和理解上的原因，城商行合规管理体系构成的诸部分在报告中的比重和详细程度有所不同。

# 第二章
# 合规管理基本问题

本章所要探讨的是有关合规管理最基本的几个问题，即合规管理为什么重要、合规管理是什么、合规管理管什么等问题，这些问题也是合规管理理论与实践中首先要解决的问题。

## 一、合规管理为什么重要

在全球化的经济环境中，银行风险的复杂程度和复合强化系数呈几何级数增长。有效的外部监管对防范银行业风险至关重要，但监管机构的监管手段毕竟有限。20世纪90年代以来，世界范围内的银行业违规案件频繁发生，而这些案件大多是由商业银行自身风险管理不到位所致。外部合规性监管不应该，事实上也不可能替代商业银行内部的合规管理。有效的合规性监管必须以健全、高效的商业银行合规管理机制为基础。现实教训对银行业自我约束机制提出了新要求。自1991年开始，许多发达国家和地区的商业银行开始了合规管理的探索，一些国际性大银行高度重视银行内部合规管理体系的构建和完善，逐渐形成了较为成熟的合规文化，从而为健全银行内控体系、提高市场竞争力奠定了基础。近年来，国际银行业对合规重要性的认识逐步到位，合规作为一门独特的风险管理技术已得到全球银行业的普遍认同并得到了快速的发展，合规管理作为银行业金融机构一项核心的风险管理活动，已与银行其他风险管理一道被纳入全面风险管理框架之中。与此同时，许多发达国家和地区的监管机构也意识到要实施以风险为本的银行业监管，必须以银行健全、有效的合规管理体系为基础。基于这一认识，各国监管机构先后出台了有关银行业金融机构合规部门的规定，大力倡导银行建立自身的合规文化，致力于促进银行建立一个有效的合规管理的组织体系，以提高合规的有效性。同时，在这个过程中不断反思和完善商业银行的合规机制和合规文化。2005年4月，巴塞尔银行监管委员会发布了《合规与银行内部合规部门》文件，提出了合规管理十项原则，向各国银行业金融机构及其监管当局推荐有效管理合规风险的最佳做法，受到了各国银行业和监管当局的普遍关注。

近年来，我国的金融环境发生了翻天覆地的变化，规模化、多元化、国际化是大多数商业银行的发展方向。与此同时，随着银行业案件专项治理工作的推进，案件成功堵截率提高，发案率有所下降，但银行各类案件多发并未从根本上得到遏制，案件反弹的压力仍然很大。造成银行业金融机构违规操作和违规经营以及银行从业人员违法犯罪案件频发的原因有很多，而银行内部合规管理体系的缺失乃是其中最根本和最主要的原因之一。国际上，一些跨国银行早在20世纪90年代初就已经认识到，相继发生的重大操作风险和银行洗钱案等风险丑闻，大多是由于银行自身的合规风险管理失控所造成的。同样，就中资银行而言，违规经营、道德风险是长期困扰和制约银行稳健发展的主要因素，根源就在于我国的银行业一直没有将合规视为风险管理的一项活动，更没有将合规作为一个重要的风险源进行管理，长期以来合规一直不是银行重点关注的风险领域。

正如，中国银监会主席在上海银行业第二届合规年会上所讲，近年来，国内外银行业金融机构不断暴露重大违规事件，机构业务受到限制，财务损失数量惊人，机构声誉严重受损，危及公众对银行业的信心，大量合规失效的案例足以说明合规风险正成为银行业的主要风险之一，银行业金融机构正面临着巨大的合规性挑战。特别是今天，在外部经济环境趋于严峻、经济下滑逐渐明显的情况下，市场竞争和业绩考核压力加大。在这种情况下加强合规管理的意义就尤为突出，因为任何一个小小的失误或违规事件将会成为导火索而酿成大祸，特别是一旦被公众舆论放大，造成的经济损失和声誉损坏难以估量。

通过研究发现，一是银行管理人员并没有真正领悟合规管理的意义，合规建设驱动力主要来自监管机构的要求和压力，致使合规工作流于形式，停在表面，并没有深入贯彻执行。二是员工还没有正确认识到合规管理的意义，认为合规管理需要成本，会导致业务机会的丧失，因此忽视合规文化建设。三是不能正确处理业务发展与合规管理的关系，在强调业务发展时往往忽视合规管理，甚至错误地将两者对立起来。由此来看，加强合规管理是必然的。

所以，中国金融监管层多次强调，银行业金融机构要深刻理解合规管理与合规文化建设的科学内涵和重要意义主要表现在：

### （一）加强合规管理是防止银行业案件频发的重要举措

近年来，国内银行业金融机构违法违规事件频频曝光。这些问题的出现固然有众多因素的影响，但从银行内部控制和风险管理的角度分析来看，导致近年来国内银行业各种违规问题甚至犯罪案件多发的根本原因在于，合规管理体系和合规文化的严重缺失，这也是被无数事实所证明的。

### （二）加强合规管理是强化公司治理、培育良好企业文化的需要

一家先进的银行必然有良好的合规文化做支撑，否则银行想确立恰当的战略目标就很困难，而要实施好这些战略难度就会更大。可以说，企业文化决定着企业、团队和员工的具体行为，管理者和员工如果对银行内部有章不循的现象视而不见，非但不予以制止，甚至还同流合污，那么这家银行的管理一定不会规范，很容易导致重大违规事件甚至违法案件的发生。所以，形成良好的合规经营氛围和合规文化，是商业银行搞好风险管理和公司治理所必需的。

### （三）加强合规管理是银行实施全面风险管理、加强流程管理的需要

国际上，银行业金融机构的管理不仅是基于流程的管理，更是基于风险的流程管理。内部管理制度同样也要有利于机构的业务流程管理，服务于整合管理各类风险的需要。各业务条线制定的相应政策、程序、操作手册或操作指南，组成了满足整个业务流程管理要求的相关制度，成为指导实际操作的标准。合规管理部门的大量工作就是要在确保内部管理制度的合规性的同时，确保全行内部管理制度的体系化和系统性，以提高管理效率和制度的执行力，从而有效实现包括合规管理在内的银行全面风险管理。

目前，银行业仍普遍缺乏流程管理的规章制度，管理制度缺乏体系化、系统性，从而影响了管理效率和制度的执行力。只有树立起全面风险管理和流程管理的理念，才能从整体上提高客户服务和风险管理的质量。事实上，这也是有效管理合规的基础。

### （四）加强合规管理是监管者与被监管者之间良性互动的需要

合规管理从来都是银行自身的要求，是内生的，而不是外生的，经营活动不合规就会产生合规风险。国际上凡是风险管理做得好的银行，必然非常重视合规管理。如果国内银行业都有一套很好的合规管理制度安排，又有健全的公司治理结构，董事会和管理层都充分重视合规管理，不但能准确理解和贯彻法律、规则和准则的精神，而且能一以贯之，通过持续关注法律法规和监管制度的变化和最新发展，建立并保持与监管者之间的和谐与互动，这样才能全面提升机构的风险管理质量，提升监管部门的风险监管效率。

### （五）加强合规管理是提升品牌、增加价值的重要举措

有效的合规管理能够防微杜渐、纠错防弊，杜绝或减少各类违规案件的发生，从而避免了商业银行不必要的法律和监管处罚，以及由此带来的

经济损失和成本支出，还有因声誉受损带来的潜在和长远的无形损失。而且，有效的合规管理能够大大提升商业银行形象和正能量，从而有利于扩大正面宣传和提升商业品牌，这无形中又增加了银行的商业价值，因为对于一个以信用和信誉为生存和立业之本的商业银行来说，具有遵纪守法和社会责任心的口碑是至关重要的。反之，如果这方面出现失误和发生问题，那么对商业银行声誉和品牌的打击，乃至于导致商业价值的缩水，将是巨大的甚至是不可估量的。

当前，中国银行业出现的一些新情况、新发展，也促使各商业银行加大合规管理力度。

一是商业银行需要遵循的规则、规范越来越多。一方面，随着金融业务的发展，有关商业银行及其经营活动的法律法规、行政规章、相关指引标准和行为准则以及其他规范性文件越来越多；另一方面，来自外部监管机构的监管力度在加大，监管水平在提高，使得各商业银行合规管理的难度和压力也在不断加大。

二是伴随商业银行业务种类增多、范围扩大，违规问题层出不穷。目前，商业银行业务繁多、创新不断，业务人员自身会因为对政策不熟悉、业务操作经验不足或职业操守等原因而出现较多的违规行为，与此同时，合规管理人员并不一定对所有业务和规则都能及时了解，因此，合规管理工作中难免出现较多疏漏，问题多多。

三是各商业银行资产规模普遍扩张较快，组织结构越来越复杂，愈加需要加大合规管理力度。商业银行一般资产规模大，组织结构复杂，特别是实行综合化经营的商业银行，不仅在不同金融业务之间实现资金和信息资源的有效配置，还在全球范围内配置资源，以实现收益最大化。机构的规模越庞大，综合化和国际化程度越高，越要加大合规管理力度。①

由此看，顺应国际规则要求和国内市场经济法制化趋势，商业银行依法合规开展经营管理活动，是监管政策和市场运行规则要求下的必然选择，

①邵平：《商业银行合规风险管理》，中国金融出版社，2010版，14页。

确保各项经营活动的合规性，乃是包括商业银行在内的整个银行业金融机构稳健发展的基础，更是银行管理层和全体员工共同的使命和责任。

同样，合规管理对于城商行意义之重大不言而喻。近年来，银行董事会突出风险防控与合规管理，准确研判内外形势变化，针对国内经济下行，银行信用风险和操作风险频发的外部环境，及时调整经营发展策略，要求经营层加强风险防控和合规管理。城商行合规从高层做起，董事会、监事会与高级管理层起领导与带头作用。合规管理已成为城商行提升全面管理质量的重要抓手，并进行了许多大胆的创新，特别是牢固树立“合规是基业长青的基石”“合规创造价值”“违规代价昂贵”的合规理念，大力培育“人人合规，事事合规，时时合规，主动合规，互动合规”的合规文化，坚持“发展，合规，风控，学习，提升”的工作方针，突出“创新转型”“人才建设”“合规风控”三个重点，牢牢把握稳中求进、好中求快的总基调，努力把城商行建设成为法人治理结构健全、经营稳健、管理规范、资产优良、效益良好、达到“好银行”标准的区域性股份制商业银行。

总之，合规建设对于城商行来说只是开始，取得的发展和成绩也很有限，需要做的工作还很多，完善和健全合规管理制度建设尚需要付出极大的努力和探索。

## 二、合规管理是什么

### （一）为什么要弄清合规管理概念

在对省外城商行合规管理问题调研中我们发现，各商业银行对合规管理的认识和侧重点不尽相同。从理念上看，有的银行提出“合规管理就是在监管红线和利润最大化之间寻求平衡”；有的银行更强调合规管理在防控风险、保障可持续发展方面的基础作用；有的大力倡导“内控提升品质、合规创造价值”的引领作用。那么，合规管理是否是一种独立的、专业性的风险管理？对此，各商业银行有不同的认识和做法。比如，对于合规管理是否应该独立化、专门化的问题，各家银行看法和选择就不同。

在研究中我们还发现，许多银行管理层对合规管理与操作风险管理、内部控制的关系认识不清。同样，监管机构对此也没有做出明确的解释。监管机构先后推出了《商业银行内部控制指引》《商业银行合规风险管理指引》《商业银行操作风险管理指引》等文件。这些文件为提高商业银行内部管理水平和效果发挥了非常重要的作用，但并没有规定这些文件所针对的风险管理之间的关系。由此，导致商业银行在实施各类风险管理时，无法准确、清晰地区分这几种风险管理各自的内涵、职能和边界，也就无法有效地处理这几种风险管理的关系。结果是不同的商业银行，或同一个商业银行内部，因为总行或分行主要领导的认识不同，内控管理、合规管理和操作风险管理的地位、贯彻执行程度等都相互不同，带有较大的随意性和人治色彩。就一个商业银行内部，由于合规部门与操作、内控、稽核、纪检监察等部门的职责无法完全分清，导致在各部门履行职责时，存在一定的重叠，其结果是对一些事情，或是多部门共同管理，或是各部门相互推诿。

从问卷调查情况看，答卷者对于合规管理的理解或认识存在差异。比如，有些答卷者把风险管理方面的工作看作是合规管理，而有些答卷者却不认为这两者是一回事，说明答卷者对于合规管理有不同的理解，合规管理是独立的一种管理活动，还是渗透到一般业务检查中的常规性管理活动（或者说是与风险管理、内部控制相融合的管理活动）。如果是后一种情况，如何区别其之间的差异和边界。

关系认识不清，也影响到全面风险管理理念的形成。比如，一些商业银行仍以信用风险管理为主，对合规风险、操作风险等管理重视不够。合规管理意识既没有贯彻到全体员工之中，也没有贯穿于业务拓展、经营管理的全过程，往往把合规管理看作是合规部门的事情。

认识和解决好上述问题，首先就应该弄清楚合规管理概念，而这一问题也恰恰是银行从业者存在的一个疑惑。从本书研究的角度看，弄清合规管理概念在于试图说明：

1. 合规管理是一种独立的风险管理

一方面，合规管理与信用风险管理、市场风险管理、操作风险管理、声誉风险管理、法律风险管理等具有不同的管理对象和范围，需要采取不同的管理方式；另一方面，为保障职能的发挥，合规风险应由专门的独立的部门统一管理。独立性并不意味着合规部门不能与其他风险管理部门及其管理层和员工共同工作，实际上，合规部门与其他风险管理部门之间建立相互合作的工作关系，将有助于全面、及时、准确地识别和管理合规风险。

2. 合规管理是一种专业化风险管理工作

在严格合规监管时代，合规管理是通过监管机构实施的。在合规管理转向商业银行内部实施时，商业银行自身需要建立专业化的合规管理机制，否则将存在以下问题：一是商业银行风险管理与利润追求难以平衡，追求利润最大化是商业银行的原动力，如果没有专业的合规管理机制，将导致追求利润的冲动压倒风险管理的理性。二是商业银行内部合规管理与商业银行监管机构之间的信息交流与沟通机制难以通畅。三是合规管理人员难以胜任合规管理的基本要求，因为在一定意义上看，商业银行内部合规管理要求比外部合规监管时的管理要求更高。

3. 合规管理是商业银行一项核心的风险管理活动

由于商业银行是一个专门经营风险的特殊性行业，其风险管理特性决定了银行的经营活动始终与风险相生相伴，其经营过程就是管理风险的过程。而以风险管理的方法来管理合规的做法，与以往所讲的“合规性监管”或“合规性管理”有着本质的不同。因而对于商业银行来说，风险管理尤为重要。商业银行风险管理的目标在于使经营风险处于其能够承受和控制的合理范围之内，而合规管理则通过建立健全合规管理框架，实现对合规风险的有效识别和管理，促进全面风险管理体系建设，确保依法合规经营。因此，合规管理是商业银行做好日常经营风险管理的根本前提，也是银行安全稳健经营的关键所在。

总之，搞清合规管理是什么，就是为了更好地抓好这项工作。认识到合规风险与信用风险、市场风险、操作风险和其他风险之间的联系与区别，才有利于全面风险管理机制的建立以及确保各项风险管理政策和程序的一致性。

（二）合规管理是什么

基于巴塞尔银行监管委员会1997年颁布的《有效银行监管的核心原则》、瑞士银行家协会2002年颁布的《内部审计指导》、巴塞尔银行监管委员会2005年颁布的《合规与银行内部合规部门》、中国银监会2006年颁布的《商业银行合规风险管理指引》，以及我们对诸多城商行合规管理状况的研究，我们把合规管理及合规管理风险定义为：

合规管理，也可称之为合规风险管理（在本书中这两个词语可以相互替代），是指商业银行为了避免可能遭受法律制裁、监管处罚、财务损失和声誉损失等风险的发生，通过特定的组织机构，制定和实施一系列制度、标准和程序，促使自身的经营管理行为符合法律法规、准则和内部规章制度的动态过程。

1.法律制裁

是指司法机构对触犯《中华人民共和国刑法》的商业银行员工或商业银行所给予的处理。这种制裁措施主要有判刑、没收违法所得、罚款、刑事附带民事赔偿等。

2.监管处罚

是指监管机构对于违规的商业银行及其员工所采取的行政责任处罚。处罚主体主要有人民银行、银监会、外汇局、税务局、工商局、证监会等机构。

3.财务损失

是指商业银行因违规而遭受直接或间接的经济损失。这类损失，主要体现在：违规放款造成的呆坏账损失，违规进行金融衍生产品交易造成的损失（巴林银行倒闭案是这类损失的典型例证），赔偿客户因银行违规所造成的损失，向司法机构、监管机构所缴纳的罚款，等等。

4. 声誉损失

是指商业银行因违规而遭受的市场负面评价。一旦声誉受损，往往会带来信用评级下降、股票市值下跌、员工士气受挫、客户退出、监管机构加大监管力度等不利后果，严重的甚至会引起挤兑，从而危及银行的生存。鉴于声誉风险的特性，声誉风险是不能用资本覆盖的，只能靠商业银行通过合规经营管理创建诚信，形成良好声誉。[①]

综上可见，合规管理具有以下基本特点：

第一，合规管理的规定首先来自银行外部监管机构。

第二，合规管理的依据主要是外部监管机构发布的法律法规、规则、准则、规定等。

第三，合规管理的目标主要是遵纪守法、维护消费者权益、维护正常的行为与交易准则。

第四，合规管理的风险表现为由外部制约而可能遭受的法律制裁或监管处罚、财务损失或声誉损失的风险。

第五，合规管理的依据可以通过商业银行内部转换成为商业银行自身的规章制度。

### （三）合规管理与几个相关概念的联系与区别

1. 合规管理与操作风险管理

这是两种不同的风险，彼此具有一定的独立性。这种独立性不仅体现在《合规与银行内部合规部门》文件中，还体现在《关于加强银行公司治理的指导意见》中，即其第二十四条规定操作风险与合规风险同时并立。事实上，操作风险与合规风险既有联系又有区别。

（1）两种风险的联系

一是两种风险的表现形式部分相同。操作风险的对象除系统缺陷、外部事件所引起的外，其他都是违反规章制度的行为；合规风险则都是违反

① 邵平:《商业银行合规风险管理》,中国金融出版社,2010版,9页。

规章制度的行为。

二是两种风险可以相互转换。操作风险可以导致合规风险的发生，合规风险的背后必有操作风险，某个具体的操作风险可能直接转为合规风险；合规风险是产生操作风险最主要、最直接的诱因，某种程度上还存在着一定的因果关系或递进关系。

三是引发两种风险的原因部分相同，即主要都是银行员工的行为所引起的。合规风险完全是银行员工的行为引起的，操作风险也可能因计算机系统、外部事件引起，但更多也是银行员工的行为所引起的。

两种风险的管理上也存在一定的联系。一方面，为规范操作风险管理，中国银监会颁发了《商业银行操作风险管理指引》等文件，商业银行的操作风险管理必须满足这些文件的要求，是否满足监管文件的要求本身就是一个合规问题，从这一个角度看，许多合规管理的依据也是操作风险管理的依据。另一方面，合规管理内容有一部分是要体现在操作风险管理之中的，比如，反洗钱规定就体现在商业银行日常业务的程序性设计与过程控制之中。如果违规操作，则可能引起有关反洗钱法律法规的处罚。

（2）两种风险的区别

一是风险内涵不同。操作风险的内涵比较复杂，包括操作交易风险、技术风险、内部失控风险、外部欺诈盗抢等风险；合规风险的内涵则相对单一，只是集中于商业银行违法违规行为所导致的风险。

二是风险引发因素不同。操作风险是由不完善或有问题的内部程序、人员、计算机系统及外部事件等多种因素所引发；合规风险只能是商业银行及其员工违反法律法规及监管规章而引发。

三是风险发生方式不同。操作风险主要表现在操作环节和操作人员，其原因或者是操作不规范或者是操作人员缺乏合规意识；合规风险在大多数情况下发生在制度决策层面和各级管理人员身上，带有制度缺陷和上层色彩。

四是风险的后果不同。操作风险的后果基本上都是经济损失，也包括一些法律风险，但不是全部法律风险，比如不包括违反有关融资和贷款方面法律法规和监管要求引起和承担的法律风险。合规风险除经济损失外，还包括声誉风险和较多的法律风险，合规风险也不一定都引起法律风险，但法律风险是合规风险主要构成之一。

五是风险的界定范围不同。合规风险的界定主要来源于外部监管组织，其风险影响一般体现在银行外部；操作风险界定主要来自银行内部，风险影响也主要限于银行内部。

同样，两种风险在管理上也是不同的。一方面是风险管理的切入点不同。操作风险管理的方式主要是通过制定详尽的操作规程，业务人员只要严格按照操作规程办事，就可以有效地防范操作风险。合规管理则需要密切跟踪法律法规的最新发展，并及时修订内部相应管理制度，同时进行相应的培训，以防范和控制合规风险。另一方面是能否用资本覆盖管理。正是由于操作风险可以风险转移，操作风险可以通过资本覆盖来管理，合规风险则是难以单纯用资本覆盖管理来解决的。

综上所述，两者风险不能混为一谈。如果把合规风险等同于操作风险，只是在业务操作环节和操作人员等方面去防范和控制，而不反省内部操作规章和各项制度的科学性，就会终日忙于发现与纠正错误，而改善效果却不十分理想。相反，从合规风险的角度，在制度设计上就予以高度重视，消除制度设计本身的缺陷，效果会事半功倍。[①]

2.合规管理与内部控制

合规管理与内部控制既有联系又有区别。一方面从联系性上看，都需要由董事会、高级管理人员以及其他人员实施的一个过程保证，其目标都包含国家有关法律法规及规章的贯彻执行。一部分外部合规监管规范成为制定和实施内部控制制度的依据，也即内部控制首先要考虑的是如何保障法律法规和其他监管要求的遵守和执行。现实中，有一部分外部合规监管规范直接转化成内部控制制度组成部分，即一些合规监管内容和要求体现在内部控制之中，通过内部控制降低和控制合规风险。比如，新修订的

① 邵平:《商业银行合规风险管理》,中国金融出版社,2010版,37-40页。

《商业银行内部控制指引》第二十一条“商业银行应当制定规范员工行为的相关制度，明确对员工的禁止性规定，加强对员工行为的监督和排查，建立员工异常行为举报、查处机制”、第二十二条“商业银行应当严格执行会计准则与制度，及时准确地反映各项业务交易，确保财务会计信息真实、可靠、完整”、第二十四条“商业银行设立新机构、开办新业务、提供新产品和服务，应当对潜在的风险进行评估，并制定相应的管理制度和业务流程”，就与合规管理内容高度一致，如第二十四条就是合规风险识别和评估工作中的“合规审核”和“合规论证”的内容。

另一方面，从区别上看。内控内涵与外延要大于合规管理。内控包含一部分实现经营的效果与效率（营业目标）、会计与管理信息的可靠、完整与及时方面的目标和内容，而合规管理没有。合规管理的目的是防御风险，目标单一、明确。内部控制失败或无效的后果是多样的，但多数可以通过内部改进予以弥补；合规管理失败或无效的后果也是多样的，但所遭受的法律制裁、监管处罚、财务损失、声誉损失等，基本上是难以弥补的。

相比而言，在上述关系中，联系性是主要方面，这就是现实中一些商业银行存在把内控与合规管理合二为一的缘由。

3.合规管理与全面风险管理

一方面，合规管理是全面风险管理的组成部分。全面风险管理涉及商业银行的所有风险，合规风险是其重要的管理对象，合规管理是全面风险管理的一个部分。与此同时，合规管理应纳入全面风险管理框架之中，基于流程的合规管理才能成为提高全面风险管理执行力的支柱。江苏银行认为，从管理的流程、内容来看，风险管理与合规管理大概70%内容是重叠的。另一方面，合规管理是全面风险管理的实施抓手。全面风险管理千头万绪，合规管理通过规章制度管理，可以制定体系化、系统化的规章制度体系，这是做好全面风险管理的基础。可以说，没有合规管理对商业银行员工的行为规范，全面风险管理只能是空中楼阁，很难落地。[①]

①邵平:《商业银行合规风险管理》,中国金融出版社,2010版,32页。

4.合规管理与内部稽核

主要是独立性不同，稽核应当做到独立，而合规却需要与业务条线紧密合作，只能做到相对独立。对管理层而言，合规的服务职能大于监督职能。另外，合规部门应当接受内部稽核部门的定期审计，双方是一种监督与被监督关系。

（四）合规管理和其他监管职能的关系处理与岗位安排

以上分析在于说明合规管理与操作风险管理、内控管理、全面风险管理之间的关系，对于这些相互关系的认识和处理在现实中的各个商业银行是不同的。有的更多考虑的是其之间的联系以及对工作开展的连带影响；有的则多考虑其之间的区别及其职责划分。因而现实中，这种不同的认识和关系处理就反映在商业银行合规部门机构设置及其职责安排上。

目前全国16家上市商业银行中，有11家银行披露了公司治理架构图和部门划分说明。从中可见，不同银行在合规部门设置和职责安排上存在很大的差异。在这些银行中，只有兴业银行没有单独设立合规管理部。在独立设立的其余商业银行中：

一是合规部只进行合规事务管理的，有浦发银行。

二是合规部包括法律事务的，有平安银行、民生银行、光大银行、北京银行。

三是合规部包括内控管理的，有建设银行、华夏银行。

四是合规部包括内控管理和法律事务的，有中国农业银行。

五是合规部包括内控管理和操作风险管理的，有中国工商银行。

六是合规部包括操作风险管理的，有中信银行、宁波银行。

可见，绝大多数商业银行的合规部门不只从事单一的合规管理。相对而言，大多数上市商业银行合规部包括有内控管理和法律事务，个别包括操作风险管理。在所研究的四家外地城商行中，合规部门的设置与职能也是不尽相同，如重庆银行的叫内控合规部、郑州银行的叫合规部、江苏银行为风险管理部、南京银行为法律合规部，而部门具体职责和报告路线也有差异。究其原因：

一是各家城商行在合规管理的工作中结合自身实际，基于对合规管理的理解发展形成的。在此，我们没有直接明确哪种组织架构更佳。

二是对合规管理含义以及合规管理与风险管理、操作风险、内部控制的关系及界定影响着城商行合规组织架构。从我们实地研究和座谈情况看，这四家城商行对合规管理及职责以及与其他相关概念的理解各不相同。

三是从合规部门设立来看，大多发生在近两年，且变化较为频繁，说明对于合规管理的认识及其体系建设基本是处于刚刚起步阶段。

我们通过网络研究，发现130家城商行合规部门的设置可以分为以下四种情况：

第一种情况：没有设立合规部的有56家，有关合规管理工作归属于风险管理部；

第二种情况：单设合规部的有23家；

第三种情况：与法律部门共同设立法律合规部的有33家；

第四种情况：其他与内控管理合设、与操作风险管理合设的有12家。

通过对比，不难发现城商行在合规管理认识和机构设立上与上市银行存在较大差异。就这一点看，城商行合规建设从整体上落后于上市银行或成立时间较长的大型银行。差异，主要来自于不同城商行对何为合规管理、内部控制、风险管理、案防的概念、边界及其相互关系认识不同。所以，有必要弄清楚这些概念及其相关工作之间的关系，明白在实际工作中哪些是有交叉需要合作的，哪些是各个部门应该单独做的，即清楚地界定界限和职责，以及与其他部门之间的互动关系。

## 三、 合规管理管什么

这部分内容与上部分存在紧密联系，同样对于理解什么是合规管理，以及认识与处理合规管理与其他相关工作之间的关系有一定的帮助。

## （一）合规管理的具体内容

### 1.从合规管理的客体看

主要是商业银行包括治理层、管理层和业务层面在内的所有员工及其在业务操纵、管理运行、经营活动过程中的行为。

需要明确的是，合规的要求、措施、奖励、惩罚等仅在商业银行内部有效。如果是员工以外的因素，如客户诈骗、市场变化等所导致的风险，都不是合规风险的范畴。因而合规风险必然是商业银行员工行为所产生。合规风险的内部人为特性，决定了商业银行员工及其行为是合规管理的直接对象。

### 2.从合规管理的内容看

主要是“监管规范及其执行”。合规管理的“规范”来自内外两个方面，即外部监管规范（可称之为“外规”）和内部规章制度（分布在公司治理、内部控制与风险管理、综合管理、经营活动、业务活动和业务操作上，可称之为“内规”）。因而，合规管理内容是一个相当广泛的概念，其着力点集中在规范的执行上。

因此，合规管理面临着两大类风险的考验：一是外部监管政策执行不力引发的合规风险；二是内部管理松懈与外部风险冲击引发的各类风险。

### 3.从合规管理的层面看

主要是监管规范的制度层面和操作层面两个点。制度层面主要是外规，包括法律、规则准则以及外部监管机构下发的规范性文件，和内部制度形成一个映射关系。没有映射关系的话，可能就存在商业银行没有规定的问题，这样就有很大的风险。这是制度层面，原则上要确保外规内化。第二个是执行层面，制度不遵守以及内部操作不合外部规定从而导致外部处罚的风险。

## （二）合规管理的内外规范及其联系

合规管理直接来自外部监管机构要求，同时外部监管要求和规范又必须在银行内部得到贯彻和执行，因而合规管理内容直接表现为外部与内部规范及其要求。

1.外部规范及其要求

从外部看，合规管理要与商业银行外部金融监管和市场相联系，遵循外部监管机构相关规范。比如：外部监管会要求和督促商业银行遵循诸如关联交易、委托贷款、同业代付、劳动用工、外包管理、反洗钱等方面的监管规定；督促商业银行维护市场秩序、约束银行市场行为和保护消费者权益等等。由此，合规管理首先是遵循“外规”，这一点可表述为：“银行业金融机构需要遵循的法律、规则和准则十分广泛，不仅包括法律、行政法规、部门规章，还包括监管机构发布的相关指引和其他规范性文件、市场交易规则、自律性组织制定的相关标准和行为准则，既涉及具有法律约束力的文件，也涉及更加广义的诚实守信和道德行为操守。”

以下根据出台的法律法规就其与商业银行合规风险管理相关的依据文件做一个梳理，部分文件（内容）包括：

（1）宏观类

《中华人民共和国银行业监督管理法》，中华人民共和国主席令（第58号）；

《中华人民共和国商业银行法》，中华人民共和国主席令（第47号）；

《金融违法行为处罚办法》,中华人民共和国国务院令（第260号）；

中国银行业监督管理委员会关于加大防范操作风险工作力度的通知，银监发〔2005〕17号；

中国银行业监督管理委员会关于促进银行业金融机构进一步加强案件防控工作的通知，银监发〔2009〕83号；

中国银行业监督管理委员会办公厅关于规范市场竞争、严禁高息揽存的通知，银监办发〔2010〕248号；

中国银行业监督管理委员会关于印发银行业金融机构从业人员职业操守指引的通知，银监发〔2011〕6号；

中国银行业监督管理委员会关于整治银行业金融机构不规范经营的通知，银监发〔2012〕3号；

中国银行业监督管理委员会关于进一步推进银行业不规范经营专项治理的通知，银监发〔2012〕15号；

中国银行业监督管理委员会办公厅关于落实案件防控工作有关要求的通知，银监办发〔2012〕127号；

中国银行业监督管理委员会关于印发银行业消费者权益保护工作指引的通知，银监发〔2013〕38号；

中国银行业监督管理委员会办公厅关于防范外部风险传染的通知，银监办发〔2013〕131号；

中国银行业监督管理委员会办公厅关于印发银行业金融机构案件问责工作管理暂行办法的通知，银监办发〔2013〕255号；

中国银行业监督管理委员会办公厅关于印发银行业金融机构案防工作办法的通知，银监办发〔2013〕257号；

中国银行业监督管理委员会关于印发商业银行内部控制指引的通知，银监发〔2014〕40号；

中国银行业监督管理委员会关于进一步加强银行业务和员工行为管理的通知，银监办发〔2014〕57号；

中国银行业监督管理委员会办公厅、财政部办公厅、人民银行办公厅关于加强商业银行存款偏离度管理有关事项的通知，银监办发〔2014〕236号；

中国银行业监督管理委员会办公厅关于防范化解金融风险严守风险底线工作的意见，银监办发〔2016〕27号；

中国银行业监督管理委员会关于印发银行业金融机构全面风险管理指引的通知，银监发〔2016〕44号。

（2）柜台业务适用类

《人民币银行结算账户管理办法》，中国人民银行令〔2003〕第5号；

《金融机构客户身份识别和客户身份资料及交易记录保存管理办法》，中国人民银行中国银监会、中国证监会中国、保监会令〔2007〕第2号；

《商业银行信用卡业务监督管理办法》，银监会令〔2011〕第2号；

中国人民银行关于印发《支付结算办法》的通知，银发〔1997〕393号；

中国银行业监督管理委员会办公厅关于加强银行卡发卡业务风险管理的通知，银监办发〔2007〕60号；

中国银行业监督管理委员会办公厅关于加强银行业金融机构内控管理有效防范柜面业务操作风险的通知，银监办发〔2015〕97号。

（3）授信业务适用类

《商业银行集团客户授信业务风险管理指引》，银监会令〔2010〕第4号；

中国银行业监督管理委员会关于印发《商业银行授信工作尽职指引》的通知，银监发〔2004〕51号；

中国银行业监督管理委员会关于印发贷款风险分类指引的通知，银监发〔2007〕54号；

中国银行业监督管理委员会办公厅关于进一步加强信贷管理的通知，银监办发〔2009〕221号；

中国银行业监督管理委员会关于进一步加强信用风险管理的通知，银监发〔2016〕42号。

（4）理财业务适用类

《商业银行个人理财业务管理暂行办法》，银监会令〔2005〕第2号；

《商业银行理财产品销售管理办法》，银监会令〔2011〕第5号；

中国银行业监督管理委员会关于印发商业银行个人理财业务风险管理指引的通知，银监发〔2005〕63号；

中国保监会、中国银监会关于印发商业银行代理保险业务监管指引的通知，保监发〔2011〕10号；

中国保监会、中国银监会关于进一步规范商业银行代理保险业务销售行为的通知，保监发〔2014〕3号；

中国银行业监督管理委员会关于规范商业银行代理销售业务的通知，银监发〔2016〕24号。

2. 内部规范及其要求

从内部看，合规管理要与商业银行业务运行、内部控制、风险管理等经营管理行为相联系，遵循商业银行“内规”。比如，员工行为手册、内部案件防范、防止外部欺诈之类的规定等。内规中的相当部分是将外规直接转换而成，或者是对国家法律法规的进一步具体化，抑或是对国家法律法规缺失部分的弥补。这就是说，内规，往往是把外规通过一定的方式转换为商业银行内部制度。“外规内化”可以说是商业银行合规管理的重要工作。

这种转换途径和形式主要包括：

（1）文件转发

对于新颁布的、与商业银行经营管理关系密切、直接规范商业银行行为的法律法规，合规部门采取转发的方式，将外部法律法规直接转换为内部规范性制度。

（2）内部编辑

为提高外部法律法规的内部执行性和操作性，对于与商业银行经营管理相关的一些法律法规，以及一些相对稳定的监管规则等，可以通过一定的编辑工作进行内部转换。比如编印《法规速递》《合规动态信息》《合规简报》等。

（3）制度细化

把外部监管文件和监管要求，按照商业银行具体情况以及发展战略和监管需要，转换和构建成商业银行自己可以具体操作和实施的规章制度，如根据《商业银行内部控制规范指引》来构建商业银行自己的内部控制管理制度。

（4）综合处理

根据不同需要，对法律法规的内容进行归纳、整理、分析，再以《银行业务合规指引》《岗位合规手册》《员工行为准则》《合规风险提示》或《商业银行合规风险案例》等形式在全行颁发。

（5）合规建议

从合规专业角度向商业银行管理层系统地提出有效执行法律法规或监

管文件的相关意见和建议，或者帮助业务条线解决在业务操作过程中遇到的各种合规问题。[①]

这些内容可用下图表示：

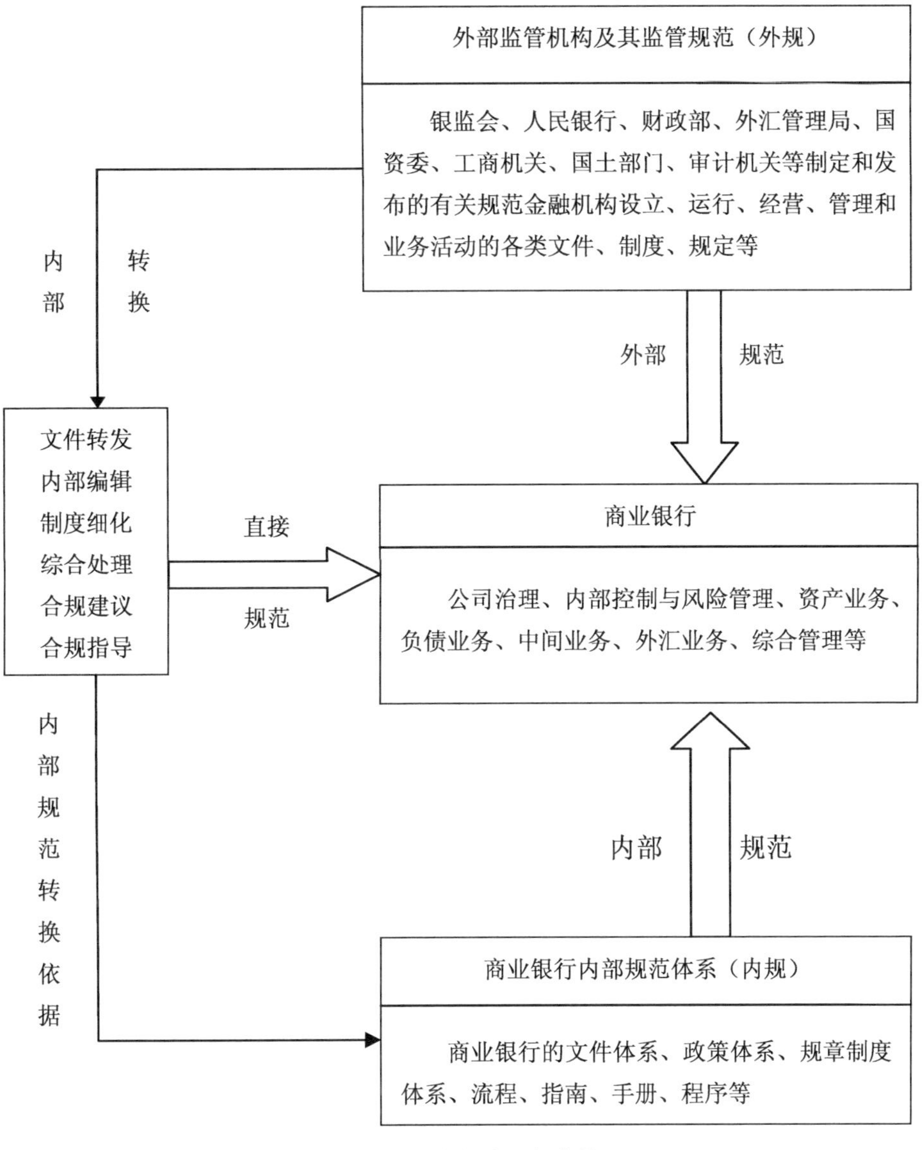


图2-1　商业银行合规规范体系

① 邵平编著:《商业银行合规风险管理》,中国金融出版社,2010版,170页。

（6）合规指导

对有关监管规则、监管意见和风险提示等监管文件不明之处，咨询相关监管部门，以准确理解和把握监管部门的要求及监管意图，并及时给予商业银行员工理解这些制度的相应指导，从合规专业角度提供建设性意见和合规问题解决方案。

内部转换工作，可以用我们在重庆银行调研时该行一位管理者的一段话来说明："我们在合规宣传方面做了一些工作，首先，每个月做个制度学习指引，把当月新发布的制度，以比制度解读简单一点的方式收集到一起，进行简单的传达。每个季度要做季度政策回顾，把外部政策里面的主要规定汇到一块，发布到合规系统里面供大家学习和参考。其次，我们应银监部门要求做了合规简报，通过简报把我们行做的一些合规方面的工作以及政策方面的内容进行上传，报给银监部门。再次，向每个员工宣传我们行的主要工作，通过这个平台传导外部政策等。"

# 第三章
# 全国城市商业银行合规管理网络调研

为全面了解与评估全国城商行合规风险管理的现状和存在的问题，总结和分析各地城商行在合规风险管理方面的做法和经验，以及为完善和构建城商行合规管理体系和机制，提供可供参考和借鉴的资料，积累更多的经验。我们采用网络调研方法，调研了全国范围内的所有城商行。

这一方法是指通过相关网站、媒体渠道，系统地、有目的地收集、整理调研对象的合规管理信息，并进行进一步分析和研究。本次网络调研针对的是有关调研对象合规管理方面的文件、报告、讲话、报道、制度、文章、项目书以及官方披露的信息（如银行年度报告、年度内部控制报告、社会责任报告）等内容。

## 一、总体调研情况

### （一）全国城商行合规管理总体状况

据所搜集的信息资料看，全国城商行合规管理总体上呈现出以下状况：

第一，从总体上看，我国城商行合规管理还处于探索期，各行合规管理体系还处于不断完善阶段。

第二，各城商行基本上都是按照中国人民银行和中国银行业监督管理委员会的有关商业银行合规风险管理的规章制度和规范性文件，以“合规从高层做起”“合规人人有责”“合规创造价值”等为原则，构建合规管理体系。

第三，各城商行普遍是从组织架构、合规文化、制度建设、实施流程和保障机制等方面打造合规管理体系。

第四，各个城商行相继建立了合规管理部门，配备了专职的合规人员，初步构建起了合规管理的框架。越来越多的城商行将合规制度建设纳入整个银行制度体系中，及时更新，防范合规风险。大部分城商行都建立了绩效考核机制，但只有少数银行将合规管理纳入考核范围，还有少数银行建立了合规问责机制和诚信举报机制。少数银行逐步建立合规风险管理动态机制，在合规风险的识别与评估、监控、应对以及合规风险报告等方面各具特色。

第五，从全国范围看，各地城商行风险管理水平尚不平衡。总的来说，上市城商行合规风险管理水平相对于未上市城商行来说要高；规模大、成立时间长的城商行要比规模小、成立时间短的城商行合规管理水平高。

### （二）全国城商行合规管理总体上存在的问题

大多数城商行在不同程度上存在以下问题：

1.合规管理部门设置不健全，配备不完善

没有完全形成全面和独立的合规风险管理架构，没有形成完整、科学、有效的岗位职责体系，合规部门与操作、内控、稽核、纪检监察等部门的职责难以分清，内涵和外延也不明确，导致在各部门履行职责时，存在一定的重叠。

2.合规风险管理文化尚未成熟

全面风险管理的理念还不到位，仍以信用风险管理为主，对合规风险等管理重视不够。“合规从高层做起”的理念尚未形成和得到有效落实。合规文化建设仍在较浅的层面进行。

3.合规制度没有可靠的落实

虽然大多数银行制定了合规制度，但却不能将合规制度纳入具体的业务条线和操作流程中，尤其是部分银行没有制定专门的合规制度。

4.合规风险管理的长效动态机制有待建立

没有建立合规风险管理的长效动态机制，缺乏系统化的识别与评估机制，缺乏对关键风险点的识别和对其予以量化的技术，合规风险应对措施普遍存在事后提示得多，事前预示得少，预防不到位。

5.合规风险管理信息系统落后，问责机制缺失

大部分银行合规风险管理信息系统比较落后，仍处于人工处理模式。同时，合规激励和问责机制缺失，问责不严，考核和问责往往无法落到实处，对违规行为打击力度偏弱，难以有效遏制案件的发生。

（三）全国城商行整体合规管理信息披露状况

通过对所获信息的整理总结与归纳，可看出上市城商行（诸如北京银行、南京银行、宁波银行）和资本规模较大的城商行（如上海银行、杭州银行、江苏银行、广州银行等），都有较为详细的合规管理信息，同时其合规管理建设较为完善。相比之下，多数资本规模较小的城商行和集中在西北、华南地区的城商行信息披露少，从某种程度上反映出其对合规管理重视程度不高，可借鉴的经验也是相当有限。

我们根据合规管理信息的披露程度、信息所反映出的合规管理体系建设以及合规管理能力将全国130家城商行分为优秀、良好、一般、较差、很差5类。

第一类（优秀）：合规管理信息披露充分、及时；合规管理体系全面。

主要是北京银行、上海银行、天津银行、青岛银行、东莞银行、郑州银行、中原银行、南昌银行、大连银行、杭州银行、宁波银行、重庆银行、富滇银行、云南红塔银行、贵阳银行、长安银行、江苏银行、南京银行、苏州银行、徽商银行等。

第二类（良好）：合规管理信息披露较为全面；合规管理主要集中在合

规文化、制度建设和保障机制等方面，具有一定针对性。

主要是渤海银行、华兴银行、日照银行、邯郸银行、九江银行、赣州银行、长沙银行、华融湘江银行、丹东银行、嘉兴银行、湖州银行、重庆三峡银行、达州银行、绵阳市商业银行、攀枝花商业银行、长城华西银行、乐山市商业银行、四川天府银行、贵州银行、甘肃银行、广西北部湾银行、厦门银行、绍兴银行、台州银行等。

第三类（一般）：合规管理信息较少；有一部分对于合规管理概况的描述或者制度修订的介绍。

主要是河北银行、珠海华润银行、晋中银行、东营银行、南粤银行、晋商银行、泰安银行、唐山银行、枣庄银行、洛阳银行、焦作中旅银行、平顶山银行、汉口银行、本溪市商业银行、营口银行、盘锦银行、吉林银行、成都银行、凉山州商业银行、宜宾市商业银行、遂宁银行、曲靖市商业银行、西安银行、宁夏银行、乌鲁木齐商业银行、昆仑银行、江苏长江银行、泉州银行、浙江民泰银行、浙江泰隆银行、包商银行等。

第四类（较差）：合规管理信息很少，且披露的信息中大多涉及全面风险管理，较为笼统。

主要是邢台银行、莱商银行、德州银行、承德银行、临商银行、保定银行、沧州银行、齐商银行、威海银行、大同银行、阳泉银行、湖北银行、鞍山银行、铁岭银行、龙江银行、温州银行、石嘴山银行、青海银行、库尔勒商业银行、金华银行、鄂尔多斯银行等。

第五类（很差）：只有极少合规信息甚至没有，对合规管理认识没有落实到实际。

主要是张家口市商业银行、廊坊银行、秦皇岛银行、衡水银行、上饶银行、西藏银行、新疆汇和银行、哈密市商业银行、柳州银行、桂林银行、浙江稠州商业银行、宁波东海银行、乌海银行等。

## 二、全国城商行合规管理分类调研情况

我们将合规管理分为组织架构、合规文化体系、制度建设、实施流程和保障机制五大部分，进行了分门别类的调研、整理。

### （一）组织结构

根据中国银监会颁布的《商业银行合规风险管理指引》第八条规定："商业银行应建立与其经营范围、组织结构和业务规模相适应的合规风险管理体系。"合规管理组织结构是商业银行构建有效内部控制机制的基础和核心，全体成员为实现银行合规目标，在管理工作中进行分工协作，在职务范围、责任、权利方面所形成的结构体系，其本质是为实现银行战略目标而采取的一种分工协作体系，是银行安全稳健运营的重要基础。它是商业银行合规风险管理体系中的要素，其科学性直接关系到合规风险管理的成效。而一个有效的合规管理组织结构通常包括：

1.公司治理结构

良好的公司治理是风险管理的基本保障，董事会、监事会、高级管理层履行基本合规职责，才能从根基上促进合规风险管理的实施。鉴于合规管理的全面性、全程性、全员性特征，在商业银行内部各级各类机构均承担合规风险管理的职责，而银行合规管理组织结构的有效性在很大程度上取决于董事会、监事会和高级管理层所采取的措施。董事会、监事会和高级管理层所采取的关键举措是发挥示范作用以维持有序的合规管理机制并创造主动合规的环境。根据《商业银行合规风险管理指引》的规定，商业银行的董事会、监事会及高级管理层对构建合规风险管理组织结构以确保银行合规负有最终责任。

我国城商行在合规管理的组织结构方面越来越重视，均开始对合规管理部门积极建设与改进，提升了合规部门在整个银行中的地位。

对130家城商行的网络调研的结果显示，大部分城商行都构建了现代公

司治理架构。董事会严格按照《章程》《董事会议事规则》及各委员会工作细则召开会议，履行职责，依法合规运作，分别对银行重大发展战略、财务报告及内审内控合规管理。监事会根据《中华人民共和国公司法》《中华人民共和国商业银行法》、公司章程等规定，就有关事项发表独立意见。管理层在董事会及其专门委员会的指导下持续有效运作。稽核监察条线在董事会审计委员会的直接领导下独立行使稽核职权。形成审计、信访、监察、内控、案件防范的"协同联动机制"。董事会、监事会及高级管理层对内控合规建设高度重视，率先垂范参与各类内控合规宣导活动，树立了"合规从高层做起""合规人人有责""合规创造价值"的企业合规文化基调，带头倡导一种自上而下的合规理念，从高层做起，对合规管理方面起到了积极的作用。

2.合规部门设立

《商业银行合规风险管理指引》中第二十条明确规定："商业银行应根据业务条线和分支机构的经营范围、业务规模设立相应的合规管理部门。"即协助高级管理层有效识别和管理商业银行所面临的合规风险。根据合规的定义、合规管理的特点以及文件中的规定，各商业银行基本都设立了合规部门，有效明确了合规管理部门的地位与职责，体现了合规是银行核心的风险管理活动，有些银行还聘请专门的法律顾问机构，正确解读法律、规则和准则；成立产品管理委员会，对新业务和新产品进行合规审查；加强对宏观调控政策、产业政策、货币政策以及银行监管政策的研究与跟踪，但由于商业银行风险管理组织体系不同，合规管理部门的职责略有差异。

在本次调研中，共有123家城商行提供了组织结构信息，通过对这些信息的统计，合规部门在城商行的设立情况可以分为四类：

第一类：没有设立合规部门，开展的有关合规管理工作归属于风险管理部或内控部门，共有7家城商行。

第二类：设有单独合规部或合规管理部，共有24家城商行。

第三类：与法律部门共同设立法律合规部，共有43家城商行。

第四类：其他，包括与内控合规部，风险管理合规部，共有49家城商行。

3.合规部门层级管理

合规部门层级管理决定了合规管理中业务和人事管理的模式和报告路线，城商行可以根据银行自身的风险管理文化和风险管理导向自主选择。

以宁波银行为例，公司组织架构分工合理、职责明确、汇报路线清晰，公司实行矩阵式管理与集中管理相结合的管理模式。

4.合规审计

合规审计是针对遵循消费者保护法律法规以及内部政策和程序的状况而开展的独立评价，能够帮助管理层确保持续的合规管理以及识别合规风险的环境，进一步完善了机构内部检测体系。

对130家城商行的网络调研的结果显示，少数银行开展了全面的合规审计工作，主要形式是由监事会牵头，联合审计委员会组织开展了多项审计活动，范围包括对薪酬制度建设及执行情况专项审计、中心金库管理情况的专项审计、新设机构内控状况的专项审计、贷款风险分类专项审计、信息科技服务外包业务的专项审计等。

据调查分析，目前城商行在组织结构方面存在的问题主要为：

一是合规管理部门设置不健全。通过网络调研，大多数银行虽然都开展了合规管理工作，半数以上银行成立了合规管理部门，但是只是将其设立在银行总行的部门，对分行是否有相同的部门并无硬性规定；或只是将其作为二级分行的选设部门，不能看出分支行是否设立了合规部门，没有形成横向到边、纵向到底的全方位的合规风险管理架构，合规部门的职能不够完善。

二是人员配备不完善。从人员配备情况看，设立合规部门的机构是否配备了专职合规人员无从考量，而且合规部门的专业合规人员以法律顾问居多，缺乏既熟练业务又法律知识丰富的复合型人才。因此，职责难以进一步细化，真正落实合规风险管理建设的要求具有较大难度。

三是合规部门的独立性和权威性不够。在整个银行的组织框架中很少体现合规部门的独立性与权威性，大多依附于风险管理委员会或内控部门，有些银行的合规部门并未在业务的发起环节参与合规管理，而是到最后审批时才象征性地介入。

四是银行分支机构和基层网点合规管理难度大、效果差。实施有效的自我合规控制是业务条线、分支机构一线员工和管理人员的重要职责，但银行现有的考核体系使得分支行及员工面临的压力集中在规模扩张和做大盈利上，分支机构普遍存在“重业务、轻合规”问题，这导致分支机构，特别是基层网点，成为银行合规风险管理最薄弱的环节。

五是如何实现合规风险与操作风险的有效分工，尚有待探索。

### （二）合规文化

合规文化是银行在长期的经营管理过程中，内部员工坚持依法合规的价值观，自觉遵守内外部规章制度，形成的集体合规意识与职业行为的总和。从这个意义上讲，合规文化是商业银行强化内部控制，提高经营管理水平，促进稳健发展的必然选择，也是银行合规管理追求的一种境界。

合规文化由知识、物质、制度和精神四个层面组成，从精神层到物质层，逐步具体化。

经过监管机构和城商行的不断努力，我国城商行的合规文化建设已经取得了很大进步，具体表现在以下几个方面：

#### 1. 日益重视合规理念和合规文化建设

在本次城商行合规管理的网络调研中，共有123家银行能够查到关于合规管理的相关信息，其中65家明确提出要树立正确的合规理念，加强合规文化建设。这对于起步晚、基础薄弱、发展相对滞后的城商行来说，已经很不容易。更有12家银行将合规文化纳入了其企业文化，比如：攀枝花银行坚持“依法合规、稳健经营”的经营理念；锦州银行把“依法合规、立行之本”作为其经营理念，并落实到各项经营管理活动中；南昌银行将“责于心、规必循”的合规优先文化纳入企业文化中，让“风险为本，合规优先”作为开展业务的“铁律”和底线；郑州银行的核心价值观是“合规鼎峙（规范经营）、革故鼎新（创新发展）、一言九鼎（坚守诚信）”；贵州银行始终坚持“审慎合规、稳健经营”的风险管理理念。

2. 完善规章制度

规章制度属于合规中“规”的范畴。它是进行合规管理的基础，是银行员工的行为守则和操作依据，也是对城商行及其员工工作进行考核评价的依据。目前，大部分城商行都通过制定合规手册、操作流程等规章制度，将合规文化规范化、制度化，这有利于培养员工“主动合规、全员合规、合规创造价值、合规从高层做起”的合规理念，是合规文化建设的关键所在。只有通过利用规章制度约束员工的行为，才能让合规成为一种习惯；而只有把健康的合规文化融化为员工的工作习惯，贯穿到银行的经营管理行为中，才能构筑抵御风险的坚固防线，实现银行的稳健经营和可持续发展。

3. 组织形式多样的合规培训、教育与宣传工作

本次调研的130家城商行中，共有98家在年报或者新闻媒体中披露了其组织的各种合规培训、教育与宣传工作。目前，进行合规培训与教育的内容主要有：案例警示教育，业务操作流程及技能培训，法律法规、规章制度的讲座，等等。宣传合规文化的方式更是多种多样：以“合规建设年”“合规建设提升年”“合规建设回头看”等为主题，开展了演讲比赛、知识竞赛、LED宣传语展示、宣讲会、签订责任与承诺书等活动。

但在各个城商行业务发展的同时，合规文化建设却相对滞后，健康的合规理念没有真正确立起来，合规与业务发展之间的关系没有得到正视。具体问题表现在以下几个方面：

一是对合规管理的认识和重视程度还没有完全到位。在本次调研的城商行中，还有一部分银行没有建立起相关的合规文化制度，也没有将合规文化真正落实到自己的企业文化和核心理念中。

二是“合规从高层做起”的理念尚未形成和得到有效落实。经过统计，在此次调研的城商行年报及银行网站中，提出“合规从高层做起”理念，高层出席合规管理活动并发表重要讲话的，仅有27家银行，仅占所有城商行总数的18%。大多数城商行仍是重执行层操作人员管理而轻管理层人员约

束的发展局面，合规没有引起高管层的足够重视。

三是合规文化建设仍在较浅的层面进行。调研发现，目前城商行的合规文化建设、合规活动的开展，大多是为了响应当地银行监管部门的要求，而非出自自身发展需求，主动合规意识仍很薄弱。同时，城商行的合规文化建设大多停留在开讲座、进行演讲比赛、知识竞赛等浅层次的活动层面，并未将合规文化建设深入到银行的各个层面、各项业务操作中，合规文化没有得到很好的落实。

### （三）制度建设

根据《商业银行合规风险管理指引》规定，“合规是指使商业银行的经营活动与法律、规则和准则相一致。”其中“法律、规则和准则”是指“适用于银行业经营活动的法律、行政法规、部门规章，及其他规范性文件，经营规则，自律性组织的行业准则、行为守则和职业操守”。

全面风险管理的理念、程序、方法和手段，无不是通过银行的内部制度及其运行机制的设计、实施、固化和优化予以规范和实施。商业银行各业务条线的政策、办法、程序、操作手册和操作指引等内部制度，是基于业务流程制定的，体现了流程管理中对各类风险有效识别、评估、监测和控制的过程及相关管理要求。合规管理作为商业银行一项核心风险管理活动，通过建立、健全合规管理制度，一方面，可以如实反映流程管理过程；另一方面，是制度优势流程得以有效运行的依据和保证。实现对合规风险的有效识别和管理，其目的是确保银行遵循有关外部法律法规和监管要求、银行的内部制度和有关城市授信的道德行为准则等。

#### 1. 内部制度方面

对我国130家城商行的网络调研结果显示，大部分城商行的董事会能够依据国家相关法律法规、行政规章和监管规范制定适合本行制度体系，确保合规制度执行与系统运行协调一致。同时，细化了监事会监督内容，监事会的监督力度不断增强，能够对风险管理部门、合规部门出具的合规报告予以审查，发挥监督作用，对合规制度形成一定的制约，起到了积极的指导作用。例如，上海银行建设风险管理“三道防线”责任体系，根据“全面覆盖、全程管控、全员参与”和“专业性、针对性、有效性”原则，“三道防线”各职能主体对风险管理履职尽责；青岛银行建立“每周我巡视”的高管巡视制度，随时查找合规操作方面、制度执行滞后及风险隐患等问题，持续开展“制度建设年”“制度执行年”“制度评价年”“制度优化年”“制度提升年”及“制度标准化建设”活动，打造顺畅好用的制度体系。

越来越多的城商行将合规制度建设纳入整个银行制度体系中，针对不同业务中的合规风险点，制定不同的合规制度，同时制定不同的章程，提高员工合规理念，规范员工行为，既立足于规范运行、防控风险，又着眼于提高效率，便于操作。中东部地区对于合规制度建设上卓有成效，如北京银行、河北银行、郑州银行、宁波银行、南京银行、杭州银行、大连银行、浙江稠州商业银行、长沙银行等，少数西部地区的银行业在合规制度建设上有显著提高。特别是贵阳银行，继续在强化规章制度建设、深化合规文化建设、员工教育培训和管理等方面狠下功夫，制定了《“不规范经营”专项治理工作方案》《“不规范经营”专项治理自查方案》，修订了《员工手册》，组织全行干部员工对新版《员工手册》进行学习和考试等。

2.外部制度方面

近年来，我国经济迅速发展，为适应多变的国内外环境，不断提出新的政策和法律法规以应对风险，加强监管，促进市场发展，银行业作为重要组成部分，更加受到关注。大多数银行能制定符合国家法律法规、行政规章和监管规范的合规制度。北京银行对于法律事务做出特别管理，从法律风险防范、案件管理、法制宣传教育、法律顾问管理等方面进一步强化法律事务管理，进一步完善法律事务管理授权体系，追踪新的法律法规、行政规章，及时修改银行的相关制度。

从目前情况看，制度建设上存在的问题主要是：

第一，不能将合规制度建设与风险管理部门、内控部门的制度相区分。合规管理工作与风险管理以及内部控制工作有交叉，又有区别。

第二，合规制度没有真正有效的落实。虽然大多数银行制定了合规制度，但在各商业银行的年报中很少反应合规制度的落实情况，具体落实方面并不到位，制度形同虚设。

第三，合规检查无从下手，普遍不到位。合规监督检查是合规管理的重要手段和内容，也是技术含量、资源保障要求都比较高的一项工作，再好的合规体系建设若无相应的监督机制，就只能流于形式，因此必须赋予好的监督机制。总体上看，这项工作的开展还很不到位，一是国内商业银行的合规部门启动合规检查工作的不多，少数开展合规检查的，又以自查为主，这直接制约了合规检查的有效性。二是在合规检查的方法、程序、频率及合规检查的常态化实施机制等方面，商业银行合规部门的理解和执行不到位。部分银行甚至对如何开展合规检查，还很茫然，如枣庄银行，虽然组织结构中设立了合规保卫部，但在搜集的相关信息中很难找到有关合规制度建设的资料，这对银行合规管理的效果将大打折扣。

### （四）合规管理流程

银行合规风险管理作为商业银行一项核心的风险管理活动，即商业银行在日常经营活动中主动识别、评估、监测和报告合规风险，并且主动采取纠正措施，控制和管理银行合规风险，以避免因违规经营而导致法律制裁、监管处罚、重大财物损失和声誉损失等的动态循环过程。实质上，就是银行内部主动管理风险的一个动态过程，而商业银行的合规风险管理流程一般包括对合规风险的识别与评估、监控与应对，以及合规风险报告等。

目前，风险管理工作一直被当作城商行管理的重中之重，所调研的城商行基本都能够针对信用风险、市场风险、操作风险进行具体而详尽的识别与评估，全面风险管控体系与良好的内控机制也在逐步完善之中。

#### 1.合规风险识别与评估

合规风险识别与评估是指对银行内部合规风险的存在或发生的可能性以及合规风险产生的原因等进行分析判断，在此基础上，应用一定的方法估计和测定发生因合规风险而可能导致风险损失的概率和损失大小，以及对银行整体运营产生影响的程度。合规风险识别与评估是合规风险管理的第一个阶段，是整个合规风险管理的基础。

一是城商行合规风险识别与评估的内容集中于各部门编写的体系文件、所签署合同文本与协议、所涉及诉讼纠纷，或投诉案件、关联交易、反洗钱等，集中于柜员操作与贷后管理等部分重点业务条线。其中，北京银行对于新产品的开发提供了必要的合规性审核；宁波银行合规审查按业务条线设置。

二是城商行的合规风险识别与评估主要是从风险损失程度和发生频率两个维度进行计算，并多采用定性分析，识别与评估主要通过合规检查来实现。其中，大连银行分层次、多角度开展滚动式风险排查，构建案防工作的长效机制，效果较明显。

三是合规风险识别与评估的区域多集中于总行，总行与分支行之间还未实现全覆盖。

2. 合规风险监控与应对

合规风险监控与应对一般有合规政策、合规风险管理计划、合规管理程序等。虽然总体上看，各城商行都对合规风险监控与应对策略有了一定的认识，但各城商行规模和地域的不同，认识的深浅也不同，分化较严重。尤其是各城商行的资本规模、经营规模不同，合规风险应对措施也随之不同。其中，北京银行、宁波银行、重庆银行、贵阳银行、上海银行、苏州银行、郑州银行在年报中对合规风险管理措施有比较详细的信息披露。相比之下，资本规模较小的城商行缺少对这一部门信息的描述。

3. 合规风险报告

合规风险报告主要指合规管理部门等依照银行内部合规风险管理程序，并按规定的报告路线，及时、全面、完整地向管理层提供定性和定量描述的银行经营过程中所涉及的合规风险状况的报告。根据巴塞尔监管委员会《合规与银行内部合规部门》的相关规定，合规风险报告是银行合规部门的一项重要职责，合规负责人应定期就合规事项向银行高级管理层报告。银监会颁布的《商业银行合规风险管理指引》也提出了同样的规定，要求商业银行应当明确合规风险报告路线以及报告的要素、格式和频率等。明确商业银行高级管理层应“每年向董事会提交合规风险管理报告，报告应提供充分依据并有助于董事会成员判断高级管理层管理合规风险的有效性”“及时向董事会或其下设委员会、监事会报告任何重大违规事件”。

根据《商业银行合规风险管理指引》中的规定，对130家城商行的网络调研的结果显示，半数以上银行各级机构和部门能按照规定的合规管理程序和报告路线，向各级合规管理部门、各级管理层、董事会和监事会提交的报告，及时、真实和完整地披露合规风险管理工作信息，全面反映当前银行合规风险状况。总体上看，各城商行的合规风险报告机制已初步建立，作用也在逐步显现。类别大概有常规报告、专项报告和诚信举报。报告路线多采用双向报告路线，如北京银行。报告的具体规定有所差别。

部分银行建立了有效的诚信举报机制，制定《诚信举报操作规程》等一系列举报投诉相关制度，明确了举报投诉的受理、核查程序和要求，以及鼓励、奖励、举报人保护和回避等原则，并通过行内发文向全体员工传达。举报形式有信件、电话、传真、邮件等。

概括而言，在合规管理流程上存在的问题主要是：

一是缺乏有效的风险识别与评估手段。大多数城商行监测合规风险的手段主要是合规检查，属于事后性质与突击性质的，检查与违规行为的发生，存在一定的时间差，时效性不能保证，而且检查的效果与检查者的业务素质和风险意识有直接的关系。

二是缺乏系统化的识别与评估机制。合规风险识别与评估活动呈现随机分散和局部性，覆盖面有限，未能深入到全行的所有领域、所有业务流程以及交易过程。

三是缺乏对关键风险点的识别和对其予以量化的技术。大多数城商行对合规风险定性分析多，定量分析少，多数银行通过现实损失来衡量风险大小。由于地域、人才、资本规模、服务种类、观念等方面的局限，合规风险识别与评估的知识层面、技术手段都相对比较落后。

四是识别与评估主体主要是负责合规风险管理的工作人员，未囊括全行的业务操作人员和管理人员，没有建立起“合规人人有责”的理念。所评估对象多为信用风险、操作风险等主要风险管理规章制度及业务流程，对新产品的开发、新业务的拓展、新客户关系的建立缺乏合规性审核。

五是大部分城商行对于整个合规管理体系认识较全面，并对于合规管理体系及组织架构有一定的设计，但缺少对具体某一部分管理措施全面系统的认识，大多数是基于分散的风险问题及具体措施，未能在整体合规管理框架和管理办法的基础上制定出详细的操作性规章制度与措施。

六是中东部经济发达地区的城商行更加重视对合规风险应对措施的系统性建设，在信息披露方面也胜于经济欠发达的西部地区。如西藏、新疆、青海、甘肃、陕西等省内的城商行对合规风险的应对措施实施情况未给出系统性的评价，可见对这部分的建设不充分，对合规管理不重视，认识不全面。

七是所有城商行合规风险应对措施普遍存在事后提示得多，事前预示得少，预防不到位。各城商行合规风险主要来源于日常的审查及咨询、各机构的合规风险报告等，目前的合规风险报告机制尚无法保证及时、全面地得知相关信息，从而无法及时做出预警与整改措施。

八是大多数城商行的合规风险应对措施就事论事得多，系统提升得少。由于合规部门成立时间短，管理还处于摸索与积累过程中，合规部门在合规风险预警问题上，多数是针对一个具体的问题提示风险并给出建议，而在对法律法规、监管政策、合规风险等情况的变化将如何影响商业银行的系统性经营管理，以及如何调整适应，甚至如何提升从而获得更好的发展机会方面，实践较少。

九是在报告主体方面，银行对外部监管机构的报告、内部合规部对高层的报告执行得相对较好，而业务部门、其他风险职能部门、内部审计部门对合规部的报告执行得相对较差。合规负责人的合规报告职责履行较好，银行员工的合规风险报告职责履行较差。

十是在报告类别方面，常规报告相对执行得较好，专项报告与诚信举报还不够完善。合规风险报告路线并不畅通，缺乏有效的奖惩机制，缺乏报告免责或减责的机制，报告风险者害怕打击报复而削弱了报告的主动性。

十一是在报告内容方面，工作情况特别是工作成绩报告得多，风险状况报告得较少。对已发生的合规风险或存在的合规风险隐患报告得少，“报喜不报忧”“报轻不报重”的特征比较明显。

十二是在报告时效方面，提交报告的时限一般都能得到遵守，但所报告的风险信息大多相对滞后，部分信息是被有关机构处理完毕才予以上报，报告的时效性得不到保证。

（五）资源与保障

合规管理的资源与保障内容较多，是保障合规管理能够正常、有序、高效运行的配套措施与条件。一般包括合规风险管理信息系统、合规考核、合规问责和诚信举报机制。其中，合规风险管理信息系统不仅有助于提高城商行合规风险管理的效率，更有利于提高城商行合规风险管理的标准化、流程化和规范化程度，进一步提高城商行合规风险管理水平。科学合理的合规绩效考核，严格及时的违规问责，有助于提升合规管理的独立性和有效性，同时也能充分体现银行对良好合规文化的倡导与鼓励，是合规管理的“牛鼻子”，能起到“牵一发而动全身”的效果。有效的诚信举报，有利于通过全行每个员工的自觉参与，及时发现各项经营管理工作的不合规倾向和线索，从而预防和减少违规与违法犯罪，避免给银行、股东和投资者造成损失或负面影响，从而将合规落到实处，形成合规经营氛围和梳理良好的企业文化。但由于城商行起步晚、历史包袱重，虽然有越来越多的城商行重视合规管理，加强合规考核、合规问责和诚信举报机制的建立，但是其比例仍然较低。

1.合规风险管理信息系统

管理信息系统一般由决策支持系统（DSS）、工业开展系统（CCS）、办公自动化系统（OA）以及数据库、模型库、办法库、知识库和与上级机关及外界交换信息的接口组成。管理信息系统是一个较为广泛的概念，它一般由许多个子系统构成，例如，人力资源管理子系统、财务管理子系统、客户管理子系统、市场销售子系统、物资采购管理子系统等。子系统取决于企业的性质和需要。

对于商业银行来说，合规风险管理信息系统不但是管理信息系统的一个子系统，更是管理信息系统不可或缺的重要组成部分。它是一个以合规风险管理为核心，以人为主导，以信息科技手段为支撑，对合规管理相关联的信息进行收集、传输、加工、存储、更新、维护，从而识别、评估、监测和控制合规风险，以满足合规风险管理要求，提高效益和效率，支持商业银行高层决策、中层控制、基层运作的集成化的人机系统。

近年来，随着城商行内外部环境日趋复杂多变，合规管理的重要性日益显现。为了更好地进行合规管理，越来越多的城商行建立了合规风险管理信息系统。具体看，在此次调研的130家城商行中，建立了合规风险管理信息系统的有江苏银行、大连银行、海峡银行、重庆银行、富滇银行、长沙银行、郑州银行、洛阳银行、中原银行等45家银行。而绝大部分城商行的合规风险管理仍处于人工处理模式，相关信息来源不统一，标准未制定，采集无渠道，处理无技术，导致合规管理信息质量不高，时效不强，传递无序，难以形成相应的决策支持。

2.合规考核

大部分城商行都建立了绩效考核机制，但是把内部控制与风险管理纳入考核范围的很少，只有26家；而把合规管理纳入绩效考核范围的城商行更少，只有19家。而且，当前我国商业银行对于合规管理绩效考核比较简单，一般仅针对是否发生内部案件，是否曾因违规行为遭受处罚而设置，较少针对合规风险管理落实情况进行全面考核。例如，管理层合规管理政策是否执行到位，合规管理机制是否有效运行，是否有合规风险，是否能及时上报合规情况并堵塞漏洞，合规培训是否充足，等等。相比之下，在细化程度和比重方面经营业绩考核要远高于合规管理考核。

3.合规问责

合规问责的基本原则主要包括：违规必究、奖惩分明；以事实为依据，以规则为准绳；奖惩与教育相结合。

在本次调研的城商行中，建立了合规问责机制的，仅有41家城商行。长期以来，城商行合规管理重“封、堵”防范型的被动式管理，轻“疏、导”激励型的主动式管理。这反映了城商行在合规风险管理中没有从激励合规、抑制违规两个方面同时入手，还存在“前手缺、后手软”的现象。对一些重大合规风险事件没有建立“零容忍”的问责追究制度，对一般违规问责还存在法外施恩、下不为例的现象，从而使一些违规问题屡查屡犯。

4. 诚信举报机制

诚信举报机制是指通过制度安排、技术保障等措施，鼓励内部员工基于个人的良知、伦理与道德判断或公共利益的考虑，对其认为是违反了法律法规、监管规定或诚信道德准则的行为和主体进行举报。

事实上，目前诚信举报机制一直没有得到许多城商行的重视，仅有天津银行、邯郸银行、抚顺银行、云南红塔银行等少部分城商行建立了该项机制。我们认为主要是由以下几方面原因造成的：第一，管理层的重视程度不足。部分高管人员未充分认识到建立诚信举报机制的重要性和必要性，或者对其发挥作用存在怀疑，或者有着这样或那样的顾虑，导致对建立该项机制不甚重视，没有配备相应的资源，没有建立健全相关的制度要素。第二，存在文化和历史障碍。违规有着根深蒂固的中庸文化，并且由于历史原因形成了人们对举报的天然反感心理，使得员工对诚信举报产生本能的抵触情绪，认为是管理层在员工之间制造相互怀疑、相互提防的不良氛围，容易导致在意识中轻视、在行动中漠视诚信举报机制的存在。第三，员工思想顾虑比较大。诚信举报机制面临的难题主要在于员工的思想顾虑方面。首先，在现行的组织架构下，举报者可能会面临工作的调整、降级、免职、列入黑名单等报复行为；其次，在人际关系上，举报行为可能会引起工作伙伴、管理阶层、家人以及社会关系的紧张；再次，在保护的机制上，举报行为面临工作保障不足、救济制度不完备等事项，使举报者面临极大的风险与成本，影响举报的主动性。

## 三、典型案例和经验

我们从组织架构、合规文化体系、制度建设、实施流程和保障机制五个方面，分别选取具有典型性和代表性的范例，总结经验。

1.北京银行

北京银行构建了以股东大会为权力机构、董事会为决策机构、监事会为监督机构、管理层为执行机构的现代公司治理架构，明确规定了“三会一层”各治理主体的议事规则与决策程序，确保“三会一层”运作顺畅有序。

北京银行设立了专门负责法律事务管理的法律与合规部，并颁布实施了《北京银行非诉讼法律事务管理办法（试行）》，要求所有标准格式合同、非标准格式合同以及对标准格式合同的修改文本等法律性文件，均应事先报送法律部门进行审核。同时，法律与合规部负责人作为北京银行产品创新委员会委员，对新产品的合法性、合规性进行审核并发表评估意见。上述制度对保证北京银行的合法经营发挥了重要作用。

北京银行对分支机构实行垂直化风险管理。分行设风险管理部，人员需经总行风险管理部门认定，总行风险管理部对分行风险管理工作进行直接督导，以确保全行风险管理政策执行标准的一致。分行风险管理部设置法律合规岗。分行风险管理工作采用双线报告制度，分别向分行行长和总行风险管理部报告。

2.宁波银行

宁波银行在风险管理体系上实行矩阵式管理与集中管理相结合的管理模式。由总行合规部对全行法律风险进行统一管理，并下设二级法律事务部具体负责法律风险的评估和有效监控，同时在各分行均设立了独立的法律合规部。总分行合规部是全行法律风险的管理部门，日常管理职能主要涵盖法律审查、合同管理、风险提示、案件管理、司法协助管理等方面。总分行合规部通过参与谈判、实地调研等方式提前介入业务流程，深入了解业务背景及流程，并通过对协议条款事前审查、事后对签署协议进行抽查的方式跟踪法律审查意见的落实情况，确保全行不出现重大法律风险。同时，对可能出现诉讼纠纷的投诉等事件进行持续跟踪，提供提前化解和规避法律诉讼。

在合规文化建设上，合规高效是宁波银行必须一以贯之、积极实践、矢志追求的经营作风和理念。经营管理的环节和过程，各项业务的开展，首先必须确保依法合规、严谨精细、风险可控，在此基础上，确保各项业务高效运行、高效决策，同时追求最好的效果，取得最好的效益，为股东创造更好的回报。

推行分层次的员工合规谈话及员工法律合规专项培训，保证员工熟悉最新监管政策、基础法律知识以及公司合规风险管理要求；将员工合规文件的学习情况与授信业务开展挂钩，评比合规文化建设的先进机构、团队和个人，营造合规氛围。

在合规制度建设上，宁波银行制度分为管理办法、规定（规程）两大制度层级，管理办法侧重对管理原则及要求做出说明，规定（规程）则侧重于制度的业务操作流程，并将业务流程图切分为若干阶段，每阶段结合相关岗位职责描述业务的整体要求及步骤。公司制度框架相对完整，由公司合规部作为制度编写的牵头管理部门，公司新产品、流程上线前需经过新产品委员会审批，且需将对应制度提交合规部审核，合规部提出集反洗钱、法律审查、合规管理、操作风险管理于一体的综合性审查意见，制度发布前由制度所涉部门进行会签定稿，由业务部门将各部门意见落实至产品制度，确保有产品即有制度。公司各风险管理部门制度能覆盖各部门风险管理职责，并对业务条线的管理要求按条线进行细分，同时涵盖业务流程的整个生命周期。公司制度发布后，如分支行当地有特殊监管要求或经营管理需要，则需在该分支行制定具有区域特色的管理制度和实施细则，针对重点业务产品集中的领域进行制度细化。若直接适用总行制度，则可以一键转发，进而形成完善的总分制度体系。

宁波银行保持对外部法律法规、监管政策的持续关注，根据内部经营管理需要及时制定和修订有关制度。公司合规部通过对各条线部门进行科技需求分析、业务及管理活动梳理、日常交流等方式收集制度意见，结合外部法规要求对各项业务及管理活动进行监督和评价，确认是否存在与业务或管理活动有关的制度空缺和整改需要，联合相关部门共同讨论修正，持续推进内控制度体系建设，确保制度及时更新，满足业务开展的实际需求。

公司完善了全行制度关联机制，并以此为依托，通过系统建设实现制度联动，内部制度更新或者外部法律法规、监管政策和自律公约等外规出台后，系统将自动触发相关业务部门制度修改提醒，由业务部门根据修改提醒更新制度，提高制度的及时性和有效性。

综上所述，宁波银行已制定了较为完整、合理和有效的内部控制制度，公司内部控制体系健全、完善；公司内部控制制度执行的有效性不断提高，各业务条线内部控制措施落实到位，未发现重大的内部控制制度缺陷。公司将根据国家法律法规要求以及自身经营管理的需要，持续提高内部控制制度的完整性、合理性和有效性。

在合规风险的报告上，以前宁波银行合规风险报告都是以纸张的形式传输，因而报告的效率、内容以及频率等都可能存在一定的问题。系统开发了以后，加强和明确了合规风险报告的内容、途径、频率和时间的要求。分支行行长、总行的条线业务部门、总行合规部、总行风险管理部、总行稽核部、总行行长室都能随时看到这些报告。通过加强合规风险报告，使得全行对合规风险能有更深的认识。

3.郑州银行

郑州银行在合规文化建设方面独树一帜、成效显著。核心价值观中的核心理念是合规鼎峙（规范经营）、革故鼎新（创新发展）、一言九鼎（坚守诚信）。为了让合规观念深入人心，2013年以来，积极开展合规执行宣誓、合规责任书签订、合规知识考试、合规辩论赛等各项合规活动，“合规警言”“客户经理十不准”“内审四十条”等在办公区各处随时可见。每周由行长带领员工学习合规制度，不定期查看员工的业务操作流程。此外，还通过设计制作“条规卡”，开展形式多样的合规活动，营造合规氛围，提升全员学习教育的主动性，增强合规建设的内生动力。

郑州银行通过“阳光谈心”活动，收集关于改善业务操作、防范风险的合理化建议，全面展开合规建设，提高员工的合规意识和工作责任感。对员工在谈话中反映的学习、工作、生活上的困难和问题，积极回应，及时解决，并借其内部刊物《郑州银行职工》《郑州银行信息》和《郑州银行“合规执行年”活动专刊》对“阳光谈心”中员工反映出来的问题、意见及建议，进行梳理、汇总和刊发，形成全行范围内“人人学合规、人人懂合规、人人讲合规”的舆论环境。同时，郑州银行通过搭建“阳光谈心”这一沟通平台，及时准确摸清员工的思想脉搏，着力解决思想上所遇到的困惑，实现领导与员工之间密切互动，将郑州银行的合规文化、执行文化和经营理念彻底落地、开花和结果，真正起到了提升领导班子和中层干部队伍凝聚力、感召力、战斗力，强化全员服务意识和责任意识，增强郑州银行的核心竞争力和社会影响力的目的。“阳光谈心”活动的组织推进掀起了郑州银行实施“合规执行年”活动的新高潮。

为配合好“阳光谈心”活动，郑州银行又相继开展了“员工赴监狱开展警示教育活动”，进一步增强了员工的依法合规操作意识，督促员工深刻认识到违法违纪违规行为的极大危害。

为使“合规执行年”活动深入人心，郑州银行又持续开展了一系列全风险学习培训工作。并将银监会成立以来制定的重要监管规章、指引下发给全行员工，结合自身实际有针对性地重点学习。

目前，郑州银行已全面组织员工学习《银行业案件防控工作资料汇编》，该汇编中层以上领导人手一册，全行以部室、分支行为单位定期进行学习，通过领导带头、全员跟进的办法，提高员工的风险防控意识和案件防范意识。

4. 兰州银行

在树立合规理念层面，大力倡导合规建设，牢固树立“合规是基业长青的基石”“合规创造价值”“违规代价昂贵”的合规理念。努力打造学习型组织，针对中高级管理人员忙于经营、疏于学习的突出问题，董事会积极倡导并在全行开展读书学习活动，推荐交流书籍，撰写读书心得，开展读书讨论，使读书会真正成为相互学习、相互交流的知识课堂，成为解决问题、团队创新的良好平台。邀请国内知名专家进行授课培训，举办大型专题报告会，进一步提高了中高级管理人员和全体员工的整体素质，以学习为向心力的企业文化理念已经形成。

5.重庆银行

重庆银行在合规风险管理系统方面特色显著。其做法和经验是：

第一，搭建信息科技平台，创新“科学合规”内涵。

第二，引入“地域层级”，探索跨区差异管理。

第三，嵌入“合规手册”，动态展示合规标准。在合规风险管理系统中合规手册得以系统化、动态化地展示。

重庆银行在深入总结经验的基础上，继续深化和优化合规风险管理工作，包括进一步改进合规风险管理系统与业务操作系统的结合方式，提高合规风险管理系统的运用程度；进一步强化合规手册项目的运行维护工作，持续关注制度、流程和合规风险点的变化，以确保合规手册的持续改进与更新，以及在继续完善现有合规管理体系、架构的基础上，向其他业务条线全面推广。

6.江苏银行

江苏银行建立了由董事会及下设的风险管理委员会、高级管理层及下设的内部控制与风险管理委员会组成的操作风险治理架构。风险管理部负责统筹管理本集团的操作风险。江苏银行通过建立专兼职的操作风险管理人员队伍、常态化的检查机制、自下而上的报告机制以及风险事件反馈改进机制，实现对操作风险识别、评估、监测和控制的闭环管理。该管理体系主要包括以下方面：强化风险防范，完善管理机制；通过操作风险三大工具的应用，梳理业务和管理流程。

江苏银行开展操作风险与控制自我评估，并运用内控、合规与操作风险管理系统（GRC 系统），监控关键风险指标，收集损失数据，查堵风险隐患；运用事中风险预警监测平台，加强对操作风险的自动化监控；细化岗位分工，明确工作职责，确保不相容职责相分离；开展作业指导书网络化、“强化内控、查缺补漏”活动、内部培训、风险评估、内控检查、员工行为排查等工作；风险排查并督办整改。本集团开展全面和专项自查、大排查、各条线业务滚动检查以及专项检查，查堵风险隐患，并建立了整改督办机制，对发现的问题制订整改方案并推动落实。

7.大连银行

通过建设内控合规及操作风险管理系统，初步完成对操作风险管理的模型化，操作风险计量渐趋谨慎、周密，方法更趋科学。大连银行已制定《内部审计章程》《审计项目管理规定》《经济责任审计管理办法》《内部审计整改工作规定》《现场审计工作平台工作规定》《检查人员问责管理办法》《内部审计活动外包管理办法》等配套管理制度，从内审的组织架构、人员管理、权限与义务、报告路径、审计流程、审计工具运用、内部审计活动外包、考核与问责等方面建立了标准化的要求和流程，建立健全了内审制度体系，合规部能够对内部各机构、员工合规风险管理的履职情况及其绩效，进行打分，并予以奖惩。

8.富滇银行

根据《商业银行稳健薪酬监管指引》等相关文件规定，富滇银行制定了《富滇银行股份有限公司薪酬管理办法》，并按照办法对本公司员工的薪酬工作进行管理。富滇银行按年度拟订绩效考核方案，并向监管部门备案。富滇银行根据监管要求，在绩效考核方案中设置了合规经营、风险管理、经济效益、发展转型及社会责任等类型指标，并根据指完成情况进行认真考核。

9.自贡银行

自贡银行严格按董事会制定的《关于进一步完善激励约束机制，规范员工和高级管理人员薪酬意见》《自贡市商业银行高级管理人员绩效考核办法》《自贡市商业银行股份有限公司董事、监事津贴管理办法》《自贡市商业银行股份有限公司董事履职评价暂行办法》《自贡市商业银行股份有限公司高级经营管理层成员履职评价暂行办法》执行。继续改进绩效考核模式，积极借鉴平衡计分卡、关键绩效指标、经济增加值、目标管理等绩效考核方法的先进经验，结合本公司特点和实际，建立较为科学合理、符合业务发展和管理需求导向的绩效考核办法，切实调动支行和部门积极性，推动全行各项业务持续发展。强调高级管理层尽职尽责、勤勉忠诚、品行廉洁。实行高管固定工资的50%与其分管工作挂钩，支行、部门的绩效考核结果作为分管高管的业绩组成部分，按季考核兑现，年终汇算。全年超额完成利润目标任务的，董事会按超额部分的一定比例提取奖励基金专项用于高管和中层奖励。对未完成全年经营目标任务和管理缺失，出现风险造成损失的，根据分工按照绩效考核办法实施处罚，扣减绩效。发生案件的实行一票否决。

10.贵州银行

贵州银行内控合规管理不断改善，一是为持续推进涵盖各级机构、各专业条线的内控管理架构，贵州银行有力推动符合现代商业银行管理要求，审慎、规范、完整的内部控制体系建设。二是依据法律法规、监管规定要求，结合贵州银行实际，制定和完善了《贵州银行内部控制基本规定》《合规管理办法》《案件防控管理办法》《操作风险管理办法》《内控缺陷认定标准》等32项基本制度，对董事会、高管层、各部门、各分支机构、全体员工的内控合规、案件防控等职责进行了明确，对规章制度制定、内部检查实施、问题整改以及案件防控流程进行了规范，搭建了贵州银行基本内控合规管理体系制度，为各级机构强化内部管控、依法合规经营提供依据保障。三是激励约束机制不断完善。下发了《贵州银行总行部室及分支机构管理干部绩效考核办法》《贵州银行总行经营推动部门KP考核办法》《贵州银行2018年经营机构绩效工资考核办法》《贵州银行2018年经营机构内控合规及案件防控管理考核评价方案》等绩效考核制度或方案，将经营管理、业务发展、内部控制、合规管理、风险管理等纳入考评体系。四是合规文化建设持续推进。组织开展了“2018年合规案防知识考试”，共计4241人参加，有力强化了全员合规案防风险意识。五是持续强化合规审查工作机制。本年度累计对业务事项、制度办法等出具书面合规审查意见173份，以会签等其他形式出具合规意见60余次，有效推动合规风险管控关口前移。

11. 日照银行

一是加重违规责任追究。对违规行为从严从重处理，极大增强了问责震慑力。落实案件处置三项制度，修订《员工违规行为处理办法》，组织员工违规行为排查，出台12条重点行为禁令、32条柜台禁止性规定、36条员工行为关注点，构建了员工不想违规、不敢违规、不能违规的内控体系。

二是按照“尽职免责、失职问责”原则，加大对有关责任人责任追究办法，进一步细化责任主体、责任追究标准、责任追究具体内容，加大了违规成本；严格落实“上追两级”“双线问责”等责任追究，强化全员制度执行力，对检查发现问题的责任人在进行严厉经济处罚的同时，还依据问题严重程度相应给予通报、警告、记过，甚至撤职等处分，实现了对制度执行过程中不合规行为的及时矫正。全行内部审计查出问题责任追究率100%，整改率达95%，稽核成果转换成效显著。

12. 南阳银行

南阳银行建立了成功堵截风险事件及举报违规专项奖励基金。专项奖励基金由总行设立，年度总额为20万元。实行总额控制，一事一评，定期核发。基金额度当年有效，未用完部分不累计入次年。

专项奖励基金奖励范围：在日常业务营运、安全保卫和现场管理过程中，采取有效措施成功识别并堵截内外部欺诈、安全事故等风险事件，或对发现的违规事项及时举报，有效避免或降低银行资金损失及声誉影响的行为。

专项奖励基金奖励对象：成功堵截风险事件的人员，包括银行员工和外部人员。

专项奖励基金奖励条件：成功堵截风险事件，避免发生损失或者挽回损失的；举报违规事项，消除风险隐患或提供案件线索的。

专项奖励基金奖励标准：奖励标准采取“一事一评、遵循先例”的原则，按风险事件性质、堵截难度、示范效应、举报违规事项类型等实施分类奖励。

对挽回重大资金损失的突出堵截事件，受到监管部门、国家权力机构表彰、媒体褒奖的；成功堵截的风险事件及举报的违规事项具备作案手法复杂、隐蔽性强、风险危害高、堵截难度大等特点的；对举报大、要案有突出贡献的，可突破2万元限额，给予重奖。

13.云南红塔银行

云南红塔银行加强专区管理，完善投诉处理机制，持续提升合规销售意识。修订投诉管理办法，补充完善处置和应急预案。为确保投诉渠道畅通，在营业网点和门户网站等醒目位置公布投诉方式、投诉渠道、基本处理流程和联系查询方式，同时保持各投诉渠道畅通，确保消费者能及时维护自身合法权益。强化应急管理体系建设，形成消费者权益保护的应急管理体系。加强销售专区管理，改造“双录”设备，提升双录质量，依法合规销售。

## 四、启示与建议

结合全国城商行合规风险管理现状，总结先进经验，对城商行加强合规风险管理建设的启示与建议包括以下四个方面。

### （一）组织结构

第一，做好合规互动，建立一支专门化合规管理队伍。现在各商业银行都已成立了专司合规风险管理的部门，但履行合规风险管理职责光靠一个部门几个人是远远不够的，还必须尽快规划出每一条业务线、每一个业务部门、每一个分支机构的合规风险管理，如何设岗定责以及与合规风险管理部门如何互动方案，真正建立一支专门化的合规队伍来。

第二，各项内部制度应当准确记录和反映每一业务及其管理、操作的程序，制度制定与遵守应当是全员，尤其是管理层的行为职责。

第三，明确界定和建立合规部门与内审部门、业务部门、其他风险管理部门之间的职责分工与合作机制。

第四，必须保证合规风险的各条报告路线始终是独立、有效、合理、通畅的，在报告路线的设计上，银行无论采取何种模式，都必须能使高层迅速了解合规风险状况并做出应有的反应。

### （二）合规文化

树立全员合规理念，加强合规文化建设。积极倡导“合规从高层做起”“合规人人有责”“合规创造价值”等合规文化理念、意识和行为准则。具体来说：

一是董事会和高级管理层要认真切实履行“合规经营责任”。银行的决策层率先垂范，自上而下地强调正直诚信、守法合规。

二是牢固树立“合规人人有责”的意识。合规绝不仅是合规部门的职责，而是所有员工的责任。

三是强调“有效互动”的合规文化。即通过管理层与员工之间、上级与下级之间的有效互动，落实和执行好合规政策。

四是积极开展合规培训、教育和宣传活动。还要通过各种形式宣传教育活动，促使员工树立全面的合规意识。

### （三）制度建设

第一，合规制度建设应当根据董事会、监事会的要求，业务发展和管理需要，对制度的内容和效果做出层级划分，建立类别完整、等级清晰、衔接紧密、覆盖全员的制度体系。

第二，合规制度建设要注重跟踪监管法律法规的最新变化，向管理层及时提出建议并及时准确分解、传递到相关业务部门和业务流程，做好事前合规风险控制工作。

第三，合规制度建设需要细化各种业务的合规风险点，特别是创新类业务，并做好适时的合规风险管理评估，及时向管理层报告全行对合规政策和程序的遵守情况。

第四，在合规制度建设中，要注重提高全员合规意识，为员工编制合规手册、岗位操作手册、行为守则等，要详尽描述各类合规业务运营管理的具体做法。

第五，需要对各项内部制度定期进行梳理、修订和整合，保障制定的各项制度及时有效并不与业务脱节，落到实处。

第六，合规管理门作为与外部监管部门工作协调的窗口，应积极配合监管部门对银行的监督检查工作，并提出合规监管建议，协调银行与监管部门的关系。

（四）合规管理流程

第一，建立科学有效的合规风险管理体系，优化与业务创新相适应的全流程合规评审，实现合规风险管理由部门控制向流程控制的转变。

第二，依据合规风险管理流程，细化风险管理措施，制定详尽有效的具体实施细则。

第三，建立和完善合规风险预警系统。如北京银行对废止文件进行清理提示，将监测到的新法律法规和监管要求与相关的体系文件进行关联，进行制度合规性预警提示；将收集到的风险事件逐一与相应的体系文件进行钩稽，进行制度有效性预警提示。

第四，建立和完善有效的案防工作机制和运行体系。如平安银行持续完善务实、高效的案防合规组织架构，优化案防委员会运作机制，有效实施分行案防专项督导、案防到支行等案防层级督导，运用发案风险分析、员工可疑行为排查、案防宣导教育等多项案防措施工具，落实重点高发部位的防控措施，建立起“工作有目标、形势有预判、行动有抓手、落实有方法”的一整套案防工作机制和运行体系。

第五，加强关联交易管理，开发上线关联交易管理系统，实现关联交易数据管理的系统化操作。例如，北京银行制定了《关联交易管理暂行办法》，对关联交易的审批、风险定价、回避制度、禁止性要求和处罚、内部和外部报告事项、信息披露、审计等方面进行系统的规范。

第六，建立反洗钱集中处理模式下的反洗钱工作体系，实现反洗钱作业标准化、专业化、集中化处理。例如，南京银行以“集中做、专家做、系统做”为原则，完善“反洗钱监测报告系统”功能，建设客户风险等级分类系统，制度化开展客户或账户风险等级分类工作，明确客户身份识别和客户身份资料及交易记录保存规则，持续开展反洗钱培训，并对分支机构“反洗钱”制度执行情况开展检查。

第七，完善合规风险管理信息系统及合规管理的三项保障机制。一是尽快建立与完善合规风险管理信息系统。在银行全面风险管理组织再造、流程重组的基础上，加快信用风险、市场风险模型的应用。二是深入研究各种操作风险的特征，积累操作风险数据信息，建立操作风险模型，开发合规风险管理的检查监控系统，以增强合规风险管理的预警性。三是建立科学合理的合规考核、合规问责和诚信举报机制。

这三项保障机制是合规管理的三大支柱形机制。为此：

一是高层管理者要重视并积极倡导建立诚信举报机制。高层管理者的重视和支持是诚信举报机制能切实发挥作用的必要基础，银行高层管理者在设定鼓励合规基调的同时，可通过公开讲话、建立配套制度等方式来倡导诚信举报，要求员工在规范自律的基础上，勤勉尽责，积极思考，主动反映工作中发现的问题，并积极寻求解决的办法，推动合规价值观念和行为准则深入人心。

二是充分发挥合规管理部门的作用。合规管理部门作为管理合规风险的内控部门，是诚信举报的一个有效渠道。通过加强合规管理部门的独立性，赋予其收集和传递举报信息、处理举报事项的权利，有利于诚信举报机制作用的发挥。

三是加强对诚信举报机制的宣传和培训。通过持之以恒、潜移默化的道德宣扬、定期的合规培训、对举报事宜公开公正的处理等，帮助员工树立正确的观点，使人们能认识到，员工之间的及时提醒和相互监督，是一种对自己和他人负责的态度，从而使员工接受并自觉执行该项制度。

四是制定有效的保护和救济措施。通过制度给予举报人程序上及实质上的保护，加强对举报人的工作及身份上的保障，以免其因举报行为而招致不利的人事处分；对查实的举报有功者给予奖励，同时严惩违规行为，充分体现罚过相当、惩恶扬善的公平原则和立场。

# 第四章
# L银行合规管理现状与问题

我们试图以一家地方城商行作为研究对象，以“解剖麻雀”的思路，运用问卷调查与实地调研相结合的方式，把城商行合规管理现状与存在的问题分析得更为详细、全面和透彻，为城商行进一步打造与完善合规管理制度提供必要的经验数据和参考依据。为此，我们以L银行为例，进行了调查研究，形成了一些具有一定参考价值的研究结论。

## 一、问卷调查

### （一）基本说明

#### 1.调查目标与调查对象

问卷调查是以一种以点盖面的分析方法，通过一定的样本量来调查答卷者对特定问题（指标）的判断与选择，以此来总结和评价L银行合规管理健全性和有效性，发现L银行现行合规管理体系中存在的薄弱环节和问题，从而为完善和加强L银行合规管理建设提供较为充分的研究意见。

鉴于城商行大部分业务和管理活动主要是通过分支机构来完成的，且合规管理制度的执行及其制度约束同样是围绕着分支机构进行的，因此，此次问卷调查主要是以L银行分支机构及其员工为调查对象。通过对分支机构问卷数据的分析，基本可得出有关L银行合规管理状况和问题的整体认识。分支机构合规管理现状与问题可在总体上反映出L银行合规管理水平的高低，以及L银行决策层对合规管理的重视程度。

我们利用赴L银行部分分支机构实地调研的机会，现场向被调研行管理层及员工发放了问卷260份，其中收到的有效问卷为253份。

从答卷者工作年限看[①]，主要归为三个类别：不满2年，有18人，占比为7.2%；2年以上10年以下，有62人，占比为24.9%；10年及以上，有169人，占比为67.9%。

从答卷者工作年限结构看，以10年以上的居多，说明答卷者大多具有一定的实践经验和工作经历，这有利于保障问卷结果的质量。

从答卷者工作岗位看[②]，主要分为以下几个类别：办公室、储蓄、大堂经理、风险管理、管理、会计、客户经理、事后监督、信贷、行长、业务运营科、营业室、综合办。人数及比例如表4–1所示：

**表4–1　答卷者岗位分布表**

| 职业 | 客户经理 | 营业室 | 行长 | 综合办 | 办公室 | 风险管理 | 财务会计 | 大堂经理 | 储蓄 | 信贷 | 管理 | 事后监督 | 业务营运 | 其他 | 合计 |
|---|---|---|---|---|---|---|---|---|---|---|---|---|---|---|---|
| 人数（人） | 65 | 33 | 26 | 16 | 7 | 10 | 38 | 9 | 26 | 4 | 3 | 1 | 3 | 7 | 248 |
| 占比（%） | 26.2 | 13.3 | 10.5 | 6.5 | 2.8 | 4.0 | 15.3 | 3.6 | 10.5 | 1.6 | 1.2 | 0.4 | 1.2 | 2.8 | 100 |

从答卷者岗位分布来看，主要以管理岗为主。工作岗位是由答卷者自己填写，我们事先既没有对工作岗位做出特别划分与要求，事后也未对答卷结果做进一步的合并与分类。从答卷情况看，答卷者基本分布在分支机构的各个主要环节或主要岗位，这有利于保障问卷结果的全面性和适当性。

① 答卷者从事金融工作年限填写清楚的有249份。

② 答卷者工作岗位填写清楚的有248份。

2.调查指标与分析

在明确了合规管理五要素（即“合规管理体系、合规管理制度、合规文化、合规管理流程和合规保障机制”）基础上，结合此次问卷调查对象和约束条件，同时也参考了其他城商行合规管理评价案例，最终确定了调查内容，形成两部分调查指标体系（详见附录一《L银行合规管理问卷调查表》）。

第一部分，系了解某些合规管理相关事实是否客观存在的指标体系，设计有36个指标。

第二部分，系了解合规管理制度执行情况的指标体系，设计有43个指标。

对收回的调查表，分别按不同方法进行数据整理和分析：

第一部分，指标的整理和分析数据。先手工录入问卷调查表答卷结果，然后通过对比日期来判断答卷的真实性并做适当矫正，最后运用Excel软件统计出每个项目的答案分布（包括频数和比例），以此来判断某些与合规管理相关的事实是否存在。

第二部分，指标的整理和分析。这是问卷调查的主体部分，在手工数据录入的基础上，采用层次分析法和模糊数学法进行数据分析，分层次计算和分析指标的分值。

最后，在对问卷结果进行数据整理和分析基础上，形成L银行合规管理评价总体分值；再对比评级标准，即“商业银行合规管理状况评价表”进行核对，得出反映L银行合规管理总体水平的分值；同时，在这一过程中结合对每一个指标赋值的计算与比较，揭示出L银行合规管理的薄弱环节和存在的主要问题。

3.评价标准

通过对商业银行合规管理相关文献的总结，并根据银监会相关合规管理指引的要求和部分城商行合规评价的范例，我们制定了“商业银行合规管理水平评价表”，评价标准中的定量分析标准见表4-2：

表4-2 商业银行合规管理水平评价表

| 评价等级 | 特 征 |
|---|---|
| 一级合规 | 综合评分85分以上(含85分),且各评价子系统得分都不得为0分。指被评价机构合规管理体系健全,合规管理制度系统有效,合规文化氛围良好,合规管理流程标准化,保障机制覆盖面广,能对合规风险进行有效识别和控制,无风险控制盲点 |
| 二级合规 | 综合评分70~85分。指被评价机构合规管理体系比较健全,在各个环节能够较好地执行合规管理措施,能对主要合规风险点进行识别和控制 |
| 三级合规 | 综合评分55~70分。指被评价机构合规管理体系一般,虽建立了大部分合规制度,但缺乏系统性和连续性,在合规管理措施执行方面缺乏一贯性,存在少量重大风险 |
| 四级合规 | 综合评分40~55分。指被评价机构合规管理体系不健全,重要的合规管理措施没有贯彻执行或执行无效,合规管理制度上存在重大遗漏,业务经营安全性差 |

4.补充说明

第一，此次问卷调查的对象是L银行分支机构管理者和员工，大多数指标是答卷者亲身经历或能够接触的方面，答卷者对合规管理认识水平的高低可能会对问卷结果产生一定影响。

第二，问卷采用匿名方式，且不按答卷单位分别计入数据，这种情况下的问卷相对可信。另外，从对每一份问卷的分析看，在一个单位中，基本不存在雷同的问卷或按统一规定填制的问卷，就此可以判断答卷者没有受到操控，基本属于自我选择，答卷结果的分析是可信的。

第三，尽管问卷调查指标的设计、取舍、数值会对问卷结果产生一定的影响，但此次L银行合规管理评价分值的高低，直接来自答卷者对每一指标选项的判断与选择，而不是数据分析人、报告撰写人及其运用的分析方法，因而具有一定的客观性。

第四，答卷者倾向于选择那些有利于本单位、本部门的选项，即一种“报喜不报忧”的心态，而本次问卷调查的第二部分指标全部是反向设计（即按合规管理可能存在的缺陷或漏洞设计），因而相对而言，问卷结果更为真实可信。

第五，此次问卷调查基本上属于主观选择，即由答卷者主观判断来选择每一个合规管理指标的选项，我们成员未对答卷者填制或选择的准确性、真实性进行鉴定，也未按一定的程序和方法对相关业务、流程和管理活动进行现场检查、测试，因而问卷结果并不是实质性测试的结果。同时，由于受样本量、问卷方式、指标设计等众多因素制约，问卷调查设计和样本本身尚可能存在一些不足，所以问卷结果也只能“大概”说明问题。

### （二）了解某些合规管理相关事实是否存在的指标

#### 1.总体说明

“某些与合规管理相关事实”主要反映的是L银行合规管理流程与机制方面的指标。这部分指标，一方面是从总行角度说明L银行合规管理制度制定、合规文化培育等方面的总体状况；另一方面，又从分支机构和员工层面反映L银行合规管理制度执行和落实情况。

指标主要是想了解某些合规管理事实或现象是否存在，故多采用了三方面选项：肯定性，否定性，不确定性。例如：

“去年总行是否曾对本行合规管理出色的部门或员工给予过表彰?”此指标的选答有三项：

是；没有；不知道或不清楚。

为了增强指标的可信性和真实性，我们在一些指标的肯定性选项中加了一些限制性条件。比如：

“本行最近一次接受总行针对合规管理执行情况的全面检查、评价或考核是什么时候?”此指标有三个选项：

接受过，是在（　　年　月）；没接受过；不知道或不清楚。

可见肯定性选项“接受过”用了时间限制，即通过后面的日期来进一步判断该选项是否客观真实。如果同一单位答卷者在选择这一选项时，填答的时间存在较大程度的不一致，就可减少或调整这一选项的比例。

具体指标详见附录二《L银行合规管理问卷调查表》。

2.分析方法

（1）常规分析法

主要是采用频数统计和比例统计法。例如：

“去年总行是否曾对合规管理出色的部门或员工给予过表彰？”此指标的选答有三项：

是；没有；不知道或不清楚。

按照频数统计和比例统计法，在统计的253份调查问卷中，这三项的选答结果分别为：是（67.80%）；没有（6.78%）；不知道或不清楚（25.42%）。

（2）特殊分析法

这部分指标中也有少量指标不是用于判断某种事实是否存在，而是对已经存在的某种事实做出描述，因而对这些指标的答卷结果除了采用比例分析法进行分析外，还要进行一定程度的主观判断。例如：

“总行对本行绩效考核中，合规管理评价方面所占的比重一般为（　）。您认为，这个比重是______？”此指标的选答有三项：

过大；适中；过小。

3.统计结果与分析

这部分指标问卷结果，只是说明某种合规管理事实是否存在。由于没有明确的评价标准或依据，故而不好评定这一“事实”的等级水平，例如“优秀”“良好”“一般”等，只是作为对L银行合规管理水平判断时的一种参考。

问卷结果具体如下：

（1）反映总行合规管理态度、职责以及有效性方面指标

①问卷指标及其答卷结果如下：

**表4-3　问卷指标统计表**

| 指标编号 | 指标内容 | 肯定性选项（%） | 否定性选项（%） | 不确定性选项（%） |
|---|---|---|---|---|
| （8） | 本人或本岗位或本部门的绩效考核中是否包括合规管理评价方面的内容？ | 95 | 2 | 3 |
| （17） | 据您所知，总行一般是否会持续性地对合规问题的整改进行督促和检查？ | 93 | 2 | 5 |
| （26） | 据您所知，总行对近年来招收的大学生是否专门进行岗前合规管理培训？ | 85 | 1 | 14 |
| （6） | 据您所知，本行或本行员工是否曾因为业务操作不合规而受到责任追究？ | 83 | 14 | 3 |
| （28） | 据您所知，总行目前是否设立有专门的合规管理部门？ | 75 | 10 | 15 |
| （27） | 据您所知，L银行各业务部门是否设立有专门的合规管理岗？ | 57 | 13 | 30 |
| （25） | 据您所知，总行是否将违规案例编为员工学习资料？ | 53 | 23 | 24 |
| （21） | 您认为L银行是否专门建立有为分支行或员工提供有关合规问题咨询服务的平台或机制？ | 49 | 26 | 25 |
| （7） | 总行或本行制定年度规划时，是否主要考虑业务发展指标，而较少考虑合规管理方面的措施？ | 21 | 75 | 4 |

**表4-4　有时间限制的问卷指标统计表**

| 指标编号 | 指标内容 | 肯定性选项（%） | 没有填写（%） |
|---|---|---|---|
| （1） | 本行最近一次接受总行针对合规管理执行情况的全面检查、评价或考核是什么时候？ | 82 | 18 |
| （2） | 您是否曾接受过总行专门针对加强合规管理方面的培训和教育？ | 42 | 58 |
| （5） | 据您所知，总行是否对全行合规管理制度进行全面的清查、梳理和总结？ | 44 | 56 |
| （22） | 总行稽核部门是否对本行合规执行情况进行定期或不定期的专门审计？ | 74 | 26 |

对于一些问卷指标的选项，设有时间限制。如果答卷者选择了“肯定性选项”，即如果答卷者认为某些调查的事实是存在的，那么随后通过进一步填答后面的日期来判断答卷者的选项是否具有一致性和真实性。主要方法是看同一个单位所有答卷者对同一个问题和选项所填答的日期是否基本吻合，如果填写的日期分散度高，没有明显的集中度，则认为该选项的答案不具备参考价值。

②初步分析

初步分析上述指标的问卷结果，可得出以下一些基本认识：

一是对于一般商业银行在合规管理上的常规性做法，L银行基本加以了采纳或实施，这些做法也是不同商业银行在合规管理上的普遍做法。得出这一结论是因为答卷者在以下指标的问卷结果上具有高度一致性：“本人或本岗位或本部门的绩效考核中是否包括合规管理评价方面的内容?”“总行一般是否会持续性地对合规问题的整改进行督促和检查?”“总行对近年来招收的大学生是否专门进行岗前合规管理培训?”这些指标大多也是反映合规管理“实施流程和保障机制”方面的内容。

二是L银行在合规管理的一些重要环节（如制度建设与职责划分）上尚存在一些问题，合规管理制度也没有完全落实到实处。比如，对于“总行目前是否设立有专门的合规管理部门”和“L银行各业务部门是否设立有专门合规管理岗”这样应该明确的重要的岗位制度，答卷者却分别有25%和45%表示不清楚或否定性意见，这或许能够说明这些部门或岗位的制度与职责建设尚不够明确。另外，有多一半答卷者不认为或不清楚“L银行专门建立有为分支行或员工提供有关合规问题咨询服务的平台或机制”以及“总行制定年度规划时主要考虑业务发展指标而较少考虑合规管理方面的措施”，这也说明L银行在合规管理上许多工作尚没有落实到实处，相对而言更重视业务发展而不是合规管理。

三是通过对四个有时间限制的问卷指标的分析，发现答卷者在“肯定性选项”日期填答中，日期高度分散，且在（2）和（5）题中没有填答的答卷者明显多于其他选项。问卷结果仍然说明，L银行对于日常性、一般性的合规管理比较重视，比如“总行一般在年初往往会对分支机构合规管理执行情况进行检查、评价或考核”。但同样在有关合规管理的具体工作上存在不够细致和不够扎实的问题，比如“总行缺乏专门针对加强合规管理方面的培训和教育”以及“总行尚没有完全对全行现行合规管理制度进行全面清查、梳理和总结”。

在此，还需要思考一个问题，答卷者为什么在对这些指标的“肯定性选项”的时间填答上出现较大的差异？这种情况是否与答卷者对于合规管理的理解或认识存在差异有关？比如，有些答卷者把风险管理方面的工作看作是合规管理，而有些答卷者却不认为这两者是一回事，因此在选项的选择上就有可能出现差异。

上述分析也说明，总行在合规管理能动性、职责履行方面存在较大不足。

（2）反映分支行合规管理态度、职责和能动性方面指标

①问卷指标及其答卷结果如下：

**表4-5　问卷指标统计表**

| 指标编号 | 指标内容 | 肯定性选项（%） | 否定性选项（%） | 不确定性选项（%） |
|---|---|---|---|---|
| (13) | 据您所知，本行是否自己也制定了一些合规管理制度? | 90 | 5 | 5 |
| (12) | 本行是否曾就合规管理中出现的问题或缺陷及时向上级行反映? | 89 | 3 | 8 |
| (11) | 据您所知，本行员工在业务执行和操作过程中是否曾发现一些合规管理缺陷和问题并及时向领导报告? | 83 | 7 | 10 |
| (18) | 您自从到本行工作以来，是否见过有员工因为合规考核不过关而受到问责，或者因为合规管理出色而受到表彰的情况? | 76 | 12 | 12 |
| (4) | 去年本行是否对合规管理出色的部门或员工给予过表彰? | 56 | 25 | 19 |

表4-6　有时间限制的问卷指标统计表

| 指标编号 | 指标内容 | 肯定性选项（%） | 没有填答（%） |
| --- | --- | --- | --- |
| （3） | 本行最近一次专门以加强合规管理名义召开的宣传、培训和教育会议是在什么时候? | 49 | 51 |
| （23） | 本行的贷款业务、中间业务、存款和柜台业务等业务操作与交易记录的合规性是否会受到总行有关部门的专门检查? | 82 | 18 |

②初步分析

一是从问卷结果看出分支机构一般也是比较重视常规性的合规管理规定。诸如，各个分支机构结合自身情况制定或完善一些合规管理制度，对工作中出现的一些合规管理问题或缺陷及时向上级反映等。

二是相对于业务扩展来说，分支机构在合规管理制度的能动性和细节上尚存在不足。比如，对合规管理制度执行上的奖罚制度不够明确。

三是通过对两个有时间限制的问卷指标的分析，发现答卷者在指标（3）中没有填答的答卷者达51%，基本可以说明“本行最近没有专门召开以加强合规管理名义的宣传、培训和教育会议”。在指标（23）中，填答肯定性选项中有72%集中在2014年1月到答卷日（尽管具体月份不够统一，但相对集中于这一个月），也可从一定程度上说明L银行一般会在年初多进行一些有关业务操作与交易方面的合规性检查。

概括而言，上述问卷结果可从侧面说明，L银行的一般性合规检查是存在的，但分支机构相对于业务发展而言，仍然对合规管理重视度相对不够，这也与上一部分总行在绩效考核中相对重视业务发展相对应。

（3）价值判断性指标

用于说明或判断答卷者对某一种合规现象或制度的主观倾向性。

①问卷指标及其答卷结果如下：

**表4-7　价值判断性指标统计表**

| 指标编号 | 指标内容 | 肯定性选项（%） | 否定性选项（%） | 不确定性选项（%） |
|---|---|---|---|---|
| （19） | 您认为，L银行是否建立了公开鼓励员工积极主动举报合规问题的通道或机制？ | 65 | 15 | 20 |
| （20） | 如果有，您认为有效吗？ | 72 | 6 | 22 |
| （29） | 您认为有了风险管理部门和稽核部门，总行是否还有必要设立专门合规管理部门？ | 66 | 27 | 7 |
| （30） | 据您对本行的观察，您认为需要进行详细而高频次的合规培训吗？ | 69 | 24 | 7 |
| （31） | 您认为严格的合规管理会导致业务机会的丧失吗？ | 19 | 74 | 7 |
| （32） | 如果您选择的话，您是否会因追究业务绩效而放松合规管理要求？ | 10 | 86 | 4 |
| （33） | 您认为合规管理工作是否应该全员参加？ | 95 | 3 | 2 |
| （34） | 就分支行来说，是否有必要设立专门的合规管理部门或岗位？ | 81 | 11 | 8 |

②初步分析

一是与此前的“反映总行合规管理态度、职责以及有效性方面指标”的问卷结果相对应，这部分进一步说明：L银行在合规管理上的一些重要环节（如制度建设与职责划分）上尚存在一些问题，合规管理工作也没有完全落实到实处。比如，商业银行应建立公开鼓励员工积极主动举报合规问题的通道或机制，就这一明确的制度建设，却有35%答卷者表示L银行没有建立或不清楚是否建立。值得注意的是，建立这样制度的有效性如何？尽管答卷者有72%认为有效，但仍有28%选择了无效或不清楚，这也是部分员工对实际工作中存在的有制度而无执行现象的反映。

二是34%答卷者认为合规管理职能是分散在风险管理部门和稽核部门之中，这也反映出现实中需要厘清合规管理、风险管理和稽核监督（包括内控管理）的界限。

三是员工基本认识到了合规管理的重要性。95%的答卷者认为合规管理工作应该全员参与；81%的答卷者认为有必要设立专门的合规管理部门或岗位；86%的答卷者支持严格的合规管理要求，认为合规管理不会导致业务机会的丧失。

四是“您认为需要进行详细而高频次的合规培训吗?”这一指标的答卷结果值得注意，一般认为合规培训是重要的，但答卷结果却显示有31%答卷者并不认可。合规管理的有效性归根到底决定于制度培训还是制度的监督与执行，值得思考。

概括而言，一方面，答卷者对于合规管理的重要性有一定认识，这是加强合规管理的重要基础；另一方面，合规管理制度建设仍然需要进一步细化和完善，而且重在执行与落实。

（4）特殊性指标

①问卷指标及其答卷结果如下：

**表4-8　价值判断性指标统计表**

| 指标编号 | 指标内容 | 肯定性选项（%） | 否定性选项（%） | 不确定性选项（%） |
|---|---|---|---|---|
| (9) | 绩效考核中，合规管理评价方面所占的比重一般为（　）。 | | | |
| (10) | 您认为，这个比重是______。<br>过大（ ）；适中（　）；过小（　） | | | |
| (14) | 如果本行制定有自己的合规管理制度，主要有哪些? | | | |
| (15) | 您是否见过或学习过来自总行的合规管理制度汇编? 是（　）；否（　）；不知道或不清楚（　） | | | |
| (16) | 如果见过或学习过合规制度汇编，该汇编截止到（____年） | | | |

②初步分析

第一个指标的设计不够明确，原意是想问“在L银行现行绩效考核评价方面，合规管理所占比重是否适当”，许多答卷者理解为“合规管理应该在绩效考核中的比重”，问卷结果参考意义不大。

第二个指标填写和没有填写的人数分别是122和131，所占比例为48%和52%，在所填写合规管理制度中《员工合规积分管理办法》《内部管理考核处罚办法》最多。这反映出：一方面，部分员工并不十分清楚什么是合规管理，同时在合规管理方面的宣传教育和培训不够；另一方面，大部分员工认为合规管理制度建设核心就是行为准则的遵守，同时也反映出合规管理制度建设不够全面、完善的一面。

第三个指标的答卷结果显示88%的答卷者“见过或学习过来自总行的合规管理制度汇编”，而这88%的答卷者有71人填写是2014年，74人填写2015年，其余答卷者分散于2010—2012年。这说明，要么总行的合规管理制度汇编的及时性不够，要么对于制度的宣传和普及不够，这都是将来L银行合规管理制度建设中应该注意改进的方面。

### （三）了解合规管理现状的指标

#### 1.总体说明

这部分调查主要是从合规管理实际运行水平及其与合规管理评价标准之间的差异度上，了解分支机构管理者和员工对合规管理理解与认识水平以及分支机构对合规管理制度执行和落实情况。

这部分指标的设计，首先是对合规管理五要素进行分解，即合规管理体系、合规管理制度、合规文化、合规管理流程、合规管理保障机制，分别设立若干评价环节；每个评价环节下细分为若干评价要点，进而形成三个层次的指标体系，即一级评价指标体系，二级评价指标体系，三级评价指标体系，最终形成总体指标体系。其次，通过对所有指标赋值的计算与排序，寻找合规管理中的薄弱环节与值得肯定的方面。

由于这一部分指标主要用来测试答卷者对合规管理制度及其执行程度

的认识和判断，是一种主观选择的过程，因而每一个指标的选项按照李克特量表法有五个，即对每一个需要填答的合规指标从“完全同意”“比较同意”“不确定”“比较不同意”“完全不同意”中选择其一。

2.分析方法

（1）指标分类

将合规管理五要素设为一级调查指标，以此为基础形成三个层次的指标体系。详见附录二《合规管理调查指标的分类》。

（2）指标赋值

因为指标是按“实质性漏洞”来设计，故而在对每一个选项分别赋值时，赋值的大小是按选项与正确答案的相反方向设立，即“完全同意”20分，“比较同意”40分，“不确定”60分，“比较不同意”80分，“完全不同意”100分。

（3）模糊矩阵

在确定权重的基础上，利用模糊矩阵对数据进行综合评价，得出分值结果。其具体步骤如下：

①建立因素集$U=(u_1, u_2, \cdots, u_n)$。即上面确定的三层评级指标体系，$U=(u_1, u_2, u_3, u_4, u_5)$，分别代表五个一级评价指标，即合规管理体系、合规管理制度、合规文化、合规管理流程、合规管理保障机制。

②建立权重集。权重集的确定依据上面提到的层次分析法，采用层次分析法得出权重集$A=(a_1, a_2, \cdots, a_n)$，分别代表对上述因素集每个因素的权重。

③建立评价集。将评价等级分为$m$级，即评价集$V=(v_1, v_2, \cdots, v_m)$，一般分为五个等级，分别代表合规管理执行很好、较好、一般、较差、很差。

④构建评价矩阵，进行模糊评价。假设评价对象按因素集$U$中的第$i$个因素$u_i$进行评价时，对评价集中第$j$个元素$v_j$的隶属度为$r_{ij}$，则按$u_i$的评价结果可建立单因素评价矩阵$R=(r_{ij})\ n\times m$，依据权重集$A=(a_1, a_2, \cdots, a_n)$，可得到一个综合评价$B$。

（4）层次分析

层次分析（Analytic Hierarchy Process，简称AHP）是一种将定性与定量分析方法结合的多目标决策方法。该法的主要思想是通过将复杂问题分解为若干层次和若干因素，对两两指标之间的重要程度做出比较判断，建立判断矩阵，通过计算判断矩阵的最大特征值以及对应特征向量，就可得出不同因子重要程度的权重。基本步骤如下：

①对复杂问题深入分析，将相关因素分解为若干层次，建立层次结构模型。

②为了便于说明问题，用成对比较法和1—9比较尺度构造成对比较矩阵。

③求解成对比较矩阵最大特征根及其特征向量。利用幂乘法计算并判断矩阵$A$的特征向量$w=(w_1, w_2, \cdots, w_8)$和对应的最大特征根λ。

④利用一致性指标对模型做一致性检验。为了衡量判断矩阵$A$的一致性，引入了一致性指标$CI$、随机一致性指标$RI$和一致性比率$CR$。如果$CR<0.1$，则认为$A$的不一致程度在容许范围之内，若通过一致性检验，则上述特征向量为权向量，反之则重复上述步骤。

3.总体评价

总体评价主要是通过对问卷结果的统计计算，得出一个针对L银行合规管理总体水平的评价分值，以从答卷者视角判断L银行合规管理状况。具体计算过程如下：

（1）计算合规单个要素的分值

以“合规管理体系”为例，列示单个要素的计算过程。

①建立“合规管理体系”指标的层次结构模型，如表4-9所示。

**表4-9 “合规管理体系”层次结构模型表**

| 一级指标 | 二级指标 | 三级指标 |
|---|---|---|
| 合规管理体系(A) | 合规管理目标 | ($A_{28}$)28.并未制定切合实际的合规管理目标 |
| | | ($A_{29}$)29.制定有合规管理目标,却与本行经营目标并不统一 |
| | 合规管理的部门及人员配置 | ($A_{01}$)1.合规管理部门的定位和职责比较模糊 |
| | | ($A_{16}$)16.合规管理人员数量有限,导致部分合规管理职责不能有效履行 |
| | | ($A_{20}$)20.分支机构和基层网点合规岗位不足,职责不清 |
| | | ($A_{31}$)31.缺乏足够的、符合要求的合规管理专门人才 |
| | 合规管理体系的健全性与有效性 | ($A_{07}$)7.目前没有专门的委员会或高级管理层负责全行的合规管理建设 |
| | | ($A_{09}$)9.许多员工并不清楚全行合规管理体系,比如合规管理具体由谁最终负责,谁制定政策,谁监管,谁评价 |
| | | ($A_{21}$)21.合规管理体系及组织架构尚不够全面和有效 |

上表中，用$A_1=[a_1, a_2, \cdots, a_9]$表示三级指标$A_{28}$，$A_{29}$，…，$A_{21}$九个三级指标对于模型中一级指标的权重。

②构造判断矩阵并计算权重

我们对模型中各要素进行两两成对比较得到专家矩阵。以层次结构模型有九项因子为例，并设其为$A_1$，$A_2$，$A_3$，…，$A_9$。令这九项因素两两对比，构造一个9×9矩阵$A$：

$$A=\begin{bmatrix} \frac{A_1}{A_1} & \frac{A_1}{A_2} & \cdots & \frac{A_1}{A_9} \\ \frac{A_2}{A_1} & \frac{A_2}{A_2} & \cdots & \frac{A_2}{A_9} \\ \vdots & \vdots & \vdots & \vdots \\ \frac{A_9}{A_1} & \frac{A_9}{A_2} & \cdots & \frac{A_9}{A_9} \end{bmatrix}=\begin{bmatrix} a_{11} & a_{12} & \cdots & a_{19} \\ a_{21} & a_{22} & \cdots & a_{29} \\ \vdots & \vdots & \vdots & \vdots \\ a_{91} & a_{92} & \cdots & a_{99} \end{bmatrix}$$

各因素两两比较时，根据相对重要程度，采用1—9比较尺度。

**表4-10　1—9比较尺度表**

| 尺度$a_{ij}$ | 含义 |
|---|---|
| 1 | $A_i$与$A_j$影响效果相同 |
| 3 | $A_i$比$A_j$影响效果稍强 |
| 5 | $A_i$比$A_j$影响效果强 |
| 7 | $A_i$比$A_j$影响效果明显的强 |
| 9 | $A_i$比$A_j$影响效果绝对的强 |
| 2,4,6,8 | $A_i$与$A_j$影响之比介于上述两个相邻等级 |
| 1,1/2,1/3,…,1/9 | $A_i$与$A_j$影响之比为上面的倒数 |

得到的判断矩阵$A$如下：

**表4-11　合规管理体系各指标权重计算表**

| | $A_{28}$ | $A_{29}$ | $A_{01}$ | $A_{16}$ | $A_{20}$ | $A_{31}$ | $A_{07}$ | $A_{29}$ | $A_{21}$ |
|---|---|---|---|---|---|---|---|---|---|
| $A_{28}$ | 1 | 1/2 | 2 | 1/7 | 1/5 | 1/7 | 1/4 | 1/6 | 4 |
| $A_{29}$ | 2 | 1 | 3 | 1/6 | 1/4 | 1/7 | 1/2 | 1/5 | 5 |
| $A_{01}$ | 1/2 | 1/3 | 1 | 1/7 | 1/5 | 1/8 | 1/4 | 1/6 | 2 |
| $A_{16}$ | 7 | 6 | 7 | 1 | 3 | 1/2 | 4 | 2 | 8 |
| $A_{20}$ | 5 | 4 | 5 | 1/3 | 1 | 1/4 | 2 | 1/2 | 7 |
| $A_{31}$ | 7 | 6 | 8 | 2 | 4 | 1 | 5 | 3 | 9 |
| $A_{07}$ | 4 | 2 | 4 | 1/4 | 1/2 | 1/5 | 1 | 1/3 | 5 |
| $A_{29}$ | 6 | 5 | 6 | 1/2 | 2 | 1/3 | 3 | 1 | 8 |
| $A_{21}$ | 1/4 | 1/5 | 1/2 | 1/8 | 1/7 | 1/9 | 1/5 | 1/8 | 1 |

利用MATLAB软件求解，得到最大特征根$\lambda$=9.5404，同时得到归一化后的特征向量：

$A_1$=（0.0330，0.0468，0.0239，0.2254，0.1135，0.3058，0.0741，0.1608，0.0167）

矩阵$A$的一致性指标$CI$=0.0235，一致性指标比率为$CR$=0.04627＜0.1，因此，矩阵$A$的不一致程度在容许范围之内，可用其特征向量作为权向量。

其中，随机一致性指标经计算得到，如表4-12：

表4-12 随机一致性指标分值

| $n$ | 2 | 4 | 6 | 8 |
|---|---|---|---|---|
| $RI$ | 0 | 0.90 | 1.24 | 1.41 |

$CI$和$CR$满足下列定义：

$$CI = \frac{\lambda - n}{n - 1}, \quad CR = \frac{CI}{RI} \tag{3}$$

至此，我们已经用层次分析法求得“合规管理体系”中九项三级指标权重，如表4-13所示：

表4-13 合规管理体系各指标权重表

| 指标 | $A_{28}$ | $A_{29}$ | $A_{01}$ | $A_{16}$ | $A_{20}$ | $A_{31}$ | $A_{07}$ | $A_{29}$ | $A_{21}$ |
|---|---|---|---|---|---|---|---|---|---|
| 权重 | 0.0330 | 0.0468 | 0.0239 | 0.2254 | 0.1135 | 0.3058 | 0.0741 | 0.1608 | 0.0167 |

③统计问卷调查结果

以上述“合规管理体系”为例，评价组在Excel表中统计问卷调查结果，具体见表4-14：

表4-14 合规管理体系问卷结果统计表

| 项目编号 | 选择人数(人) | | | | | 总计 | 选择占比(人) | | | | | 单项得分 |
|---|---|---|---|---|---|---|---|---|---|---|---|---|
| | 完全同意 | 比较同意 | 不确定 | 比较不同意 | 完全不同意 | | 完全同意 | 比较同意 | 不确定 | 比较不同意 | 完全不同意 | |
| 28 | 24 | 76 | 46 | 67 | 36 | 249 | 0.0964 | 0.3052 | 0.1847 | 0.2691 | 0.1446 | 61.20 |
| 29 | 23 | 58 | 67 | 59 | 40 | 247 | 0.0931 | 0.2348 | 0.2713 | 0.2389 | 0.1619 | 62.83 |
| 1 | 33 | 109 | 34 | 53 | 23 | 252 | 0.1310 | 0.4325 | 0.1349 | 0.2103 | 0.0913 | 53.97 |
| 16 | 43 | 93 | 45 | 49 | 18 | 248 | 0.1734 | 0.3750 | 0.1815 | 0.1976 | 0.0726 | 52.42 |
| 20 | 50 | 88 | 39 | 54 | 18 | 249 | 0.2008 | 0.3534 | 0.1566 | 0.2169 | 0.0723 | 52.13 |
| 31 | 40 | 113 | 46 | 37 | 15 | 251 | 0.1594 | 0.4502 | 0.1833 | 0.1474 | 0.0598 | 49.96 |
| 7 | 44 | 82 | 58 | 38 | 36 | 258 | 0.1705 | 0.3178 | 0.2248 | 0.1473 | 0.1395 | 55.35 |
| 9 | 64 | 100 | 31 | 35 | 20 | 250 | 0.2560 | 0.4000 | 0.1240 | 0.1400 | 0.0800 | 47.76 |
| 21 | 40 | 111 | 32 | 47 | 18 | 248 | 0.1613 | 0.4476 | 0.1290 | 0.1895 | 0.0726 | 51.29 |

其中，“合规管理目标”中的$A_{28}$指标中，选1的有24人，选2的有76人，选3的有46人，选4的有67人，选5的有36人，所得比例分别为：0.0964、0.3052、0.1847、0.2691、0.1446。同样的方法可以得出“合规管理体系”下的$A_{28}$至$A_{21}$的有关分值。

④构建评价矩阵

“合规管理体系”指标的评价矩阵如下：

$R_1$=（0.0330，0.0468，0.0239，0.2254，0.1135，0.3058，0.0741，0.1608，0.0167）

| | | | | |
|---|---|---|---|---|
| 0.0964 | 0.3052 | 0.1847 | 0.2691 | 0.1446 |
| 0.0931 | 0.2348 | 0.2713 | 0.2389 | 0.1619 |
| 0.1310 | 0.4325 | 0.1349 | 0.2103 | 0.0913 |
| 0.1734 | 0.3750 | 0.1815 | 0.1976 | 0.0726 |
| 0.2008 | 0.3534 | 0.1566 | 0.2169 | 0.0723 |
| 0.1594 | 0.4502 | 0.1833 | 0.1474 | 0.0598 |
| 0.1705 | 0.3178 | 0.2248 | 0.1473 | 0.1395 |
| 0.2560 | 0.4000 | 0.1240 | 0.1400 | 0.0800 |
| 0.1613 | 0.4476 | 0.1290 | 0.1895 | 0.0726 |

=（0.1933，0.4224，0.1921，0.1923，0.0903）

⑤计算得分

根据分数级的算法得“合规管理体系”得分为：

0.1933×20+ 0.4224×40+ 0.1921×60+ 0.1923×80+ 0.0903×100=56.6975

同样的方法得出“合规管理制度”“合规文化”“合规管理流程”“合规管理保障机制”的得分，如下表4-15所示：

**表4-15 合规管理五要素得分表**

| 指标 | 合规管理体系 | 合规管理制度 | 合规文化 | 合规管理流程 | 合规管理保障机制 |
|---|---|---|---|---|---|
| 得分 | 56.6975 | 54.9920 | 58.5011 | 66.6856 | 63.8264 |

（2）反映合规管理总体水平的分值

采用层次分析法和模糊数学法，得出合规管理五要素权重向量为：

*M*=（0.1205，0.0392，0.0663，0.3066，0.4673）

L银行合规管理要素的权重及得分如下表4-16所示：

**表4-16　L银行合规管理五要素权重得分表**

| 合规管理要素 | 项目权重 | 项目得分 | 项目问题数 |
|---|---|---|---|
| 合规管理体系 | 0.1205 | 56.6975 | 9 |
| 合规管理制度 | 0.0392 | 54.9920 | 5 |
| 合规文化 | 0.0663 | 58.5011 | 7 |
| 合规管理流程 | 0.3066 | 66.6856 | 9 |
| 合规管理保障机制 | 0.4673 | 63.8264 | 4 |

由此得出反映合规管理总体水平的综合分值：

0.1205×56.6975+0.0392×54.9920+0.0663×58.5011+0.3066×66.6856+0.4637×63.8264=63.1382

至此我们可以得到，L银行合规管理现状得分为63.1382。

4.细化分析

细化分析是在总体分析基础上，进一步对指标分值排序以及对答卷者按类别重新计算指标分值，以反映或揭示出L银行合规管理具体的问题或薄弱环节。

（1）指标分值排序

根据李克特量表法，针对每一个指标的五个选项：“完全同意”“比较同意”“不确定”“比较不同意”“完全不同意”分别赋值20分、40分、60分、80分、100分。利用MATLAB软件分别计算每项指标中五个选项的比重，分值矩阵相乘得到每项指标的最终得分，并进行从高到低排序。分值，反映了在答卷者眼中，这些合规管理问题存在的概率或可能性的大小，分值越高，说明这个问题存在的可能性越低，以此类推。如表4-17所示：

**表4-17　指标分值排序**

| 指标编号 | 指标内容 | 得　分 |
| --- | --- | --- |
| 22 | 合规管理上存在有章不循现象 | 63.60 |
| 29 | 如果制定有合规管理目标,却与本行经营目标并不统一 | 62.83 |
| 15 | 偏重业务规模的拓展与产品创新,对合规管理重视度相对不够 | 62.80 |
| 12 | 对发现的合规问题并不都能及时并持续性地予以检查与纠正 | 62.71 |
| 27 | 没有建立完善的合规问责制度 | 62.17 |
| 23 | 员工并没有从根本上树立全面的合规意识 | 61.93 |
| 28 | 并未制定切合实际的合规管理目标 | 61.20 |
| 3 | 合规检查的要求多来自银监会、人民银行等外部监管机构 | 61.04 |
| 13 | 对合规问题的检查频次和深度还不够 | 60.56 |
| 19 | 在业务操作过程中发现合规风险隐患或者发现同事业务操作违规时,许多员工并没有及时向领导或有关部门报告 | 60.00 |
| 32 | 并未建立有效的合规风险监测机制 | 59.04 |
| 34 | 合规考核主要集中在前台而较少涉及中后台部门 | 57.87 |
| 30 | 并未制定清晰、高效的合规管理流程 | 56.53 |
| 7 | 目前没有专门的委员会或高级管理层负责全行的合规管理建设 | 55.35 |
| 25 | 合规考核缺乏明确的考核要素、考核指标和考核内容 | 54.62 |
| 11 | 自合规检查之后,一些问题依旧存在 | 54.16 |
| 1 | 合规管理部门的定位和职责比较模糊 | 53.97 |
| 10 | 员工的合规培训并不到位 | 53.86 |
| 26 | 合规考核没有激发起员工对合规管理的积极性和主动性 | 53.15 |
| 34 | 违规案例并没有被编为员工学习材料 | 52.88 |
| 16 | 合规管理人员数量有限,导致部分合规管理职责不能有效履行 | 52.42 |
| 33 | 员工并不清楚L银行有多少合规管理制度 | 52.34 |
| 20 | 分支机构和基层网点合规岗位不足,职责不清 | 52.13 |
| 17 | 目前许多合规管理措施还没有落到实处 | 52.00 |

续表4-7

| 指标编号 | 指标内容 | 得　分 |
|---|---|---|
| 18 | 未持续关注有关合规法律、规则和准则的最新发展，并及时制定或更新相应的规章制度 | 51.57 |
| 14 | 对合规风险缺乏准确的识别标准和量化手段 | 51.44 |
| 21 | 合规管理体系及组织架构尚不够全面和有效 | 51.29 |
| 31 | 缺乏足够的、符合要求的合规管理专门人才 | 49.96 |
| 2 | 合规检查中常出现重复检查或覆盖不全的现象 | 49.80 |
| 5 | 估计很多员工并不十分清楚所在部门、岗位的合规管理目标和要求 | 49.32 |
| 6 | 没有制定专门的《合规手册》；即使有，很多员工也都没有全面和深入地了解其内容 | 48.56 |
| 8 | 个人岗位没有明确的合规风险点的书面说明 | 48.35 |
| 9 | 许多员工并不清楚全行合规管理体系，比如合规管理具体由谁最终负责，谁制定政策，谁监管，谁评价 | 47.76 |
| 4 | 合规管理培训工作多由风险管理部门和稽核部门承担 | 40.89 |

从上表可看出，所有指标分值均不高，最高的也仅仅63分，超过60分的只有10个，说明这些问题都不同程度上存在于L银行。

（2）L银行合规管理五要素分项答卷结果统计（详见附录三）

结合以上指标分值大小，我们按合规管理五要素又进一步进行了分项问卷结果统计，以揭示出L银行合规管理中存在的主要问题。

①合规管理体系方面，存在的问题集中在：

a.合规管理体系还不够完整；

b.合规管理的组织架构尚不够全面和有效；

c.合规管理部门的人员配备不足，难以满足业务发展的速度；

d.缺乏足够的，符合要求的合规管理专职人才；

e.行内员工并不是很清楚全行的合规管理体系，比如合规管理具体由谁最终负责，谁制定政策，谁监管，谁评价。

②合规管理制度方面，存在的问题集中在：

a.现有的合规管理制度都是零零散散的，缺乏统一管理；

b.总行并没有制定专门的、系统的、全行范围的合规管理制度；

c.总行在制度汇编时没有很好地从各分支行的实际情况出发，所编制度与各分支行业务有一定的脱节；

d.制度汇编后并未持续关注有关合规法律、规则和准则的最新发展，并及时制定或更新相应的规章制度；

e.个人岗位也没有明确的合规风险点的书面说明；

f.即使有一些零散的合规制度或文件，很多员工也都没有全面、深入地了解其内容；

h.合规管理制度与业务的实际操作之间有一定的不符，存在有章不循的现象；

i.目前许多合规管理措施还没有落到实处。

③合规文化方面，存在的问题集中在：

a.员工的合规培训并不到位；

b.合规管理培训工作多由风险管理部门和稽核部门承担，没有专门部门组织全行统一的培训；

c.总行对新员工的培训不系统，内容不具体，时间过短，新员工业务上缺少经验，合规意识和风险理念有一点欠缺；

d.很多员工并不十分清楚所在部门、岗位的合规管理目标和要求。

④合规管理流程方面，存在的问题集中在：

a.对合规风险缺乏准确的识别标准和量化手段；

b.合规检查中常出现重复检查和覆盖不全的现象。

⑤合规管理保障机制方面，存在的问题集中在：

合规考核机制的激励与约束度不够，没有激发起员工对合规管理的积极性和主动性。

（3）分支行行长与员工分值比较

统计结果显示，虽然分支行行长各项指标得分均高于员工，但双方分值相差不大，且对于合规管理的五个要素之间的相对关系评价较为统一，均认为合规管理流程得分最高，合规管理保障机制次之，而合规文化得分最低，另外得分最高的十项指标和得分最低的十项指标大部分是一致的。具体见表4-18：

**表4-18　分支行行长与员工分值比较**

| 人员名称 / 要素名称 | 总体 | 行长 | 员工 |
|---|---|---|---|
| 合规管理体系 | 56.6975 | 58.3196 | 55.5015 |
| 合规管理制度 | 54.9920 | 54.8846 | 53.7670 |
| 合规文化 | 58.5011 | 60.3118 | 57.0003 |
| 合规管理流程 | 66.6856 | 67.3166 | 64.4071 |
| 保障机制 | 63.8264 | 59.7899 | 62.5424 |
| 总分 | 63.1382 | 61.7568 | 61.5480 |

比如，对指标分值排序进一步按分支行行长与员工进行了分析，发现从行长角度来看的前十位仅与员工角度来看的前十位相差一个。具体相同和差异的指标见图4-1。

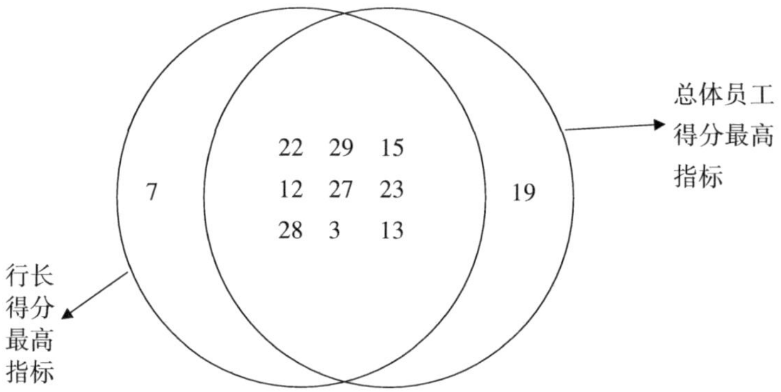


图4-1　分支行行长与员工指标差异分析图

（4）各分支行分值比较

对13家分支行的问卷分别进行统计，发现不同分支行对L银行合规管理现状的评判标准不一，最后得分相差较大。但对于合规管理的五个要素的相对关系仍保持高度一致的认识，均认为合规管理流程得分最高，合规管理保障机制次之，而合规文化得分最低。

（5）年限分值比较

答卷者工作年限长短会影响其对L银行合规管理水平的认识吗？问卷结果显示，年限长短的影响从总体上看似乎不大，差异比较小；但随着年限增大，对L银行合规管理水平的评价却呈现出下降的趋势（见表4–19），尽管这种差异并不是很突出。

**表4–19　年限分值比较表**

| 年限<br>要素名称 | 0—2年 | 2—10年 | 10年以上 |
|---|---|---|---|
| 合规管理体系 | 56.0061 | 53.4392 | 50.3774 |
| 合规管理制度 | 54.6566 | 53.7173 | 47.4646 |
| 合规文化 | 53.0694 | 53.4710 | 51.6896 |
| 合规管理流程 | 55.8217 | 59.4924 | 57.8082 |
| 保障机制 | 59.9537 | 57.9472 | 55.0788 |
| 总分 | 57.5411 | 57.4094 | 54.8204 |

（四）基本结论

结论来自前两部分问卷调查数据统计结果及其分析。

如果以100分为满分来表述一个商业银行合规管理水平的话，那么基于分支行答卷者视角，L银行合规管理水平为63.1382分。尽管63.1382分仅仅是一个有关合规管理水平的主观认识的定量表述，并不代表真实或客观的合规管理水平，但在一定程度上也能说明L银行实际合规管理水平是不理想的。

这里需要明确的是，63.1382分是对答卷者主观认识的综合度量。我们在总结合规管理的相关文献、查阅各类资料以及对全国130家城商行网络调研分析的基础上，依据银监会颁布的《商业银行合规风险管理指引》的规定，制定了《商业银行合规管理状况评价表》。按照这一评价标准，L银行合规管理水平等级处于第三级。

因此L银行应充分认识其合规管理的薄弱环节和问题所在，不断完善合规管理体系，切实提高合规管理水平，防范和减少合规风险，提高L银行业务经营和管理水平，只有这样才能提升整体竞争力。

问卷结果显示，总行在“合规管理流程”“保障机制”和“合规文化”等方面做得较好，这三项指标得分较高，而在“合规管理制度”和“合规管理体系”方面仍存在较大不足，这两项指标得分最低。

问卷调查结果显示，合规管理五要素分值的分布具有一定的规律性，或者说这种分布在各商业银行之间具有一定的普遍性。调查结果也表明：“商业银行在合规管理上的常见或常规性做法，L银行也都加以采纳或实施，这些做法也是不同商业银行在合规管理上的普遍做法。”实际上，各个城商行在合规管理上的差异或特性就主要体现在合规管理制度和合规管理体系上的不同。如果说，分支行合规管理尚存在不足和缺陷的话，其根源在很大程度上是总行没有创造出分支行合规管理执行的良好环境和制度基础。问卷结果也说明，L银行合规管理总体分值不高的一个重要因素是“总行在合规管理能动性、职责履行方面存在较大不足”。

同样，作为商业银行，长期以来在“合规管理流程”“保障机制”等方面上一直比较重视合规管理工作，而且各家商业银行在业务流程和管理上的复制性或同质性也主要体现在这个方面，所以在这些方面和环节上的指标分值相对较高就不难理解。另外，问卷结果也显示，答卷者对于这些方面的问卷指标具有较为全面和准确的认识、理解。

由此看，L银行在合规管理建设上的重点不是流程再造或提出具体的业务管理制度，而是应围绕“合规管理制度”和“合规管理体系”方面进行体制与制度强化。

答卷者对合规管理的认识极不统一，何为合规管理？其内含是什么？与操作风险、全面风险管理、稽核监督、内部控制等概念的边界何在？这些问题是合规管理建设中首先应该解决好的问题，这也是我们力求解决的问题。

L银行对于合规管理重要性的认识存在一定的矛盾性。问卷结果显示，一是总行在合规管理能动性、职责履行方面存在较大不足，在合规管理上许多工作尚未落实到实处，相对而言更重视业务发展而不是合规管理。与此同时，分支机构相对于业务发展而言，对合规管理重视度仍然不够，这也与上一部分总行在绩效考核中相对重视业务发展相对应。二是员工对于合规管理的重要性又有较为一致的认识。这说明L银行要加强合规管理，重点在于总行和高层管理层层面，“顶层设计”尤为关键；三是L银行加强合规管理建设已具有相当的群众基础，广大员工是易于从思想意识上接受的。

问卷结果显示，L银行合规管理总体水平不高，在具体的合规管理细节方面也存在许多不足。诸如，“L银行在合规管理上的一些重要环节（如制度建设与职责划分）上尚存在一些问题，合规管理工作也没有完全落实到实处”“在有关合规管理的具体工作上存在不够细致和不够扎实的问题”“要么总行的合规管理制度汇编的及时性不够，要么对于制度的宣传和普及不高”，等等。具体到合规管理五要素的内容看，会发现每一要素中均存在一些问题或薄弱环节。建议结合存在的主要问题，有针对性地采取一些应对措施，完善合规管理制度建设。

鉴于问卷调查主要作用在于发现和描述L银行合规管理中实际存在的问题和薄弱环节。对于制度性、体制性问题，需要L银行在今后合规体系构建中统筹考虑；而对于一些业务管理和流程方面的问题，需要结合业务流程提出具体的应对之策。

## 二、实地调研

### （一）基本说明

我们以案例研究法，了解L银行合规管理现状，总结L银行合规管理好的做法及存在问题，目的还是为构建和完善城商行合规管理制度搜集和积累可供参考的经验数据和调查资料，使研究建立在全面、客观和可信的基础上。鉴于此，我们对L银行部分分支行（包括管理行）进行了实地调研。

L银行目前共设立管理行12家、分行12家和直属行13家。在我们进行实地调研前，就在L银行监事会帮助下，提前给L银行分支行下发了有关L银行合规管理调研提纲。在收到35家分支行（管理行）按照调研提纲所准备的书面材料后，即对材料进行了归纳总结，在此基础上为进一步验证和深入了解各分支行合规管理现状与问题，我们根据书面材料选取了8家分支行进行了实地调研，调研主要采用座谈会方式。

各调研行座谈会具体探讨的问题和重点有所不同且较为分散；另外，大多数调研行也未严格按照调研提纲去组织书面材料，为此我们对座谈会记录和书面材料进行了条理化地整理和概括，从中形成了有关L银行合规管理现状和问题的总结以及有针对性的对策建议，而这些成果主要是根据各个调研行书面材料和座谈会记录总结而来，并未掺杂我们的意见。需要说明的是，由于种种原因，此次调研对于合规管理的一些方面，比如说诚信举报、合规管理流程等问题未能涉及。

### （二）调研行合规管理现状与问题

尽管都是反映调研行对合规管理问题的看法和意见，但各个调研行书面材料与座谈会内容往往是不一致的，即有些问题在这两个材料中都谈到了，而有些问题则没有。为此，为了全面了解调研行合规管理状况，并为今后研究提供更多的原始素材，我们对调研行各自提交的书面材料与座谈会记录进行了对比分析，归纳总结出两者的共同点和不同点。在此基础上，对整个8家调研行全部的书面材料和座谈会记录的再一次整理、归纳，总结出L银行合规管理的普遍做法和存在的问题。具体从以下几个方面进行。

#### 1.队伍建设方面

队伍建设问题是此次调研中反映出来最大的问题。这些问题不一定都是合规管理上存在的问题，但也在一定程度上反映出合规队伍建设不足问题。在调研的8家银行中均涉及该问题，具体体现在以下两个方面。

（1）人员不足且出现断层，重要岗位缺编

L银行各部门和各分支行人员紧张且出现断层情况，重要岗位缺编，导致一些工作流于形式，落实不到位。具体表现在：贷后管理流于形式，没有成立专门的贷后管理小组，贷前贷后人员没有分开；没有做到授权的专人专岗；重要岗位缺编，身兼数职现象严重；稽核人员有限，只能每年做很少的现场稽核，日常监督不足；由于人员不足，客户经理不得不承担很多日常性事务，精力分散过多，导致其营销作用不能真正实现，信贷风险增大；没有专人专岗整理传票，造成传票整理滞后，不能及时发现问题。

（2）部分员工素质不高，不能与所在岗位需要相匹配

客户经理准入门槛较低，水平参差不齐，或多或少存在业务知识缺乏、经验不足、判断能力偏差、道德水平低下、责任心缺乏等问题，造成贷前调查不到位，贷后检查流于形式，容易产生风险；大堂经理目前采用的是职工轮岗制，但是相当一部分员工并不了解前台业务的操作流程和风险点，致使其不能很好地承担授权工作，造成风险；新员工操作和业务不熟练，工作主动性不够，服务技巧缺乏，效率低且容易出错。

2.合规文化建设方面

L银行在合规文化方面做得相对较好，所调研的8家银行均认可了这一点。L银行提出了“合规是银行基业长青的基石，合规创造价值，违规代价昂贵”的理念，把合规和风控作为业务发展的前提，大力加强合规建设，形成了“人人讲合规、事事讲合规、时时讲合规”的合规文化和“合规、业绩、创新、务实、阳光”的企业文化。L银行员工的合规意识明显增强。

在培育合规文化方面，L银行的具体做法主要有：总行制定了制度汇编，并于年初发放到各分支行员工手里；组织员工集体学习制度汇编，并对学习内容进行考试；以新员工培训为主要抓手，分专业学习，比如客户经理学习信贷上的业务，营业室学习操作上的会计核算，个人业务操作流程的相关内容；及时防范员工违规操作行为的发生，及时下发《合规管理风险提示》，积极开展学习《L银行业务禁令》和《L银行前台业务操作严禁行为》活动，强化风险防范意识，培养员工合规意识。

合规文化建设方面存在的问题主要集中在合规培训方面，具体来说：缺乏系统性培训，合规培训中案例教育较少；合规文件太多，学习难度较大，员工很难掌握；合规培训力度不够，缺乏统一的部门管理合规培训；对新员工的合规培训时间过短，不系统，内容不具体；等等。

3.合规管理制度建设方面

L银行重视合规管理制度建设，制度相对健全，也制作了制度汇编，但仍不完善，存在一些问题：

（1）制度存在滞后性，制度修订更新不及时，有些新业务都已运行，但相应的制度和操作流程跟不上。

（2）有些制度欠缺合理性，可操作性不强，很多工作仅是为了应付制度要求，流于形式。问题主要体现在以下业务中：

一是在现有授权制度下，由于授权人还承担有其他工作，有的授权人甚至不了解业务，导致隔着柜台喊密钥或者偷传密钥进去的现象屡禁不止，授权流于形式，没有起到真正作用。

二是由于贷后管理要求比较多，工作量大，行业复杂而人员又少，现有的贷后管理制度也是流于形式，特别是贷后检查对借款人贷款使用情况跟踪表面化，很多签字仅仅是按照流程去签字，并没有审查业务中的凭证等重要信息，没有尽到职责。

三是目前关于台账的制度并不完全合理，比如说人民银行为了达到反洗钱的目的要求一笔业务由行长签3次——凭证、审批表、台账，这样需要办理的手续太繁杂，反而把应该重点监控的业务不能监控，致使台账流于形式。

四是总行对于贷款抵押品的规定不够明确，例如以药材、农副产品作为抵押品，价格变动大且储存期有限，该如何定价并未给出详细的规定，贷后的资金回收困难重重，各分行无统一的规定。

（3）有些制度的制定与实际情况不相符，有重复现象，不够严谨，多数是较为空泛的条条框框，没有统一的具体说明，造成理解有偏差，落实不到位；各支行在具体操作方面做法不统一，所需资料和办理手续不同，客户投诉较多；业务发展与制度的约束之间存在很大矛盾，有些规章制度过于严苛，会丧失很多客户，阻碍业务发展，同时对于客户的资质审查还停留在定量分析层面。

（4）总行内控管理制度虽经过多次修改和完善，但仍然没有实现业务的全覆盖，部分业务没制定出完善的内部控制措施和业务操作流程。

（5）L银行对制度的后评价不足。

4.稽核监督方面

L银行高度比较监督检查，目前的检查有专项检查和常规检查两种。但目前L银行缺乏事后监督岗，致使传票没有专人装订，不能及时发现问题。

L银行稽核工作存在的问题主要有：稽核人员有限，持续性不强，每年定期做一次，不能日常地做稽核工作；力度不够，主要进行系统稽核和非现场稽核，这样只能停留在问题的表面。

5.合规管理保障机制方面

（1）建立了有效的违规问责机制，有些分行制定了完善的《分行员工违规行为积分管理实施细则》，既进行经济处罚又进行积分处理，促使员工养成按章办事、规范操作的良好习惯。但是缺乏正向的奖励机制。

（2）没有合规风险管理信息系统，缺乏完善的信息共享平台和系统，现有系统存在较多问题。

一是交易成功才提示超额的系统设置不合理。

二是印鉴相似度高，现有系统不能很好区别，易造成风险。

三是进账单在资金入账后才提示风险不合理。

四是现有系统不能做大额查询，而目前手工查询单方式成本较高，且易发生丢失票据的风险。

五是核心系统数据调阅统计功能不完备，无法分类分业务提取数据。

六是信贷系统与票据系统数据不匹配，相互联动但不校验。

七是个别系统不统一。例如身份核查，L银行目前使用两个系统，一个是L银行自己的，是静态的，另外一个是人民银行的，是实时更新的，这样不仅增加员工的工作量还增加了客户的等待时间。

八是银行对企业在交易背景核实、项目合规手续查询、资金流向监控方面，缺乏统一的信息系统支持。

九是对集团客户以及关联客户的信息识别困难。

十是企业信用记录和风险信息公示沟通不够。

### （三）有关加强L银行合规管理的对策建议

以下对策建议，是各个分支行在针对上述合规问题而提出的，基本是具体业务管理和操作流程方面的一些意见，我们只是对这些对策建议进行了归纳和总结。也就是说，这些建议基本是从书面材料和座谈会中提炼的，出自调研行及其员工的看法，总结出来以供参考。

#### 1.队伍建设方面

应优化人员配置，加大人力资本投入。为解决人员短缺且断层，重要岗位缺编问题，可以实行退休员工返聘，实行综合柜员，可以招聘有从业经验的员工。为解决员工素质不高，不能与所在岗位需要相匹配的问题，应该制定客户经理准入制度，通过参加培训或考试等方式让其达到一定标准才可做客户经理。设置专门的内勤岗负责档案管理，减轻客户经理的负担。对大堂经理这一岗位采取双配额制，即总行为每家支行配备双大堂，授予大堂经理一定的权限，同时加强大堂经理的业务培训，既解决业务授权频繁交接，也进一步控制了相关风险。

#### 2.合规文化建设方面

应开展形式多样的宣传活动，让员工了解和掌握合规知识，努力提高全体员工的合规意识。建立L银行合规管理案例集。

具体到合规培训方面：结合案件防控实际，把典型案件警示教育融入培训中，剖析案例，总结教训，标本兼治，使员工自觉树立合规理念、防范风险。利用晨会对员工进行合规操作的培训与学习，保证每位员工掌握新的办法和要求，合规操作各业务流程。应加大对分支行人员的支持并建立人员的长期培养机制，主要学习有关规章、制度及基本专业知识。加大合规培训的力度，进行全行统一、系统的培训，特别是要加强对客户经理的培训。

3.合规管理制度建设方面

应对制度进行重新梳理，该废止的废止，该修正的修正；同时应及时对制度进行更新修订，特别是出现新业务时，相应制度和操作流程要实时配合。要建立具体的操作业务的汇编，增强制度的可操作性。贷后管理方面，要提升客户经理的业务能力，严格按照流程办理信贷业务，加强不同岗位、部门之间相互督促与制约，加强信贷证明、保函业务系统与出具纸质凭证之间的制约机制，有效防范风险。相关部门检查应参照稽核部的操作流程，在通报中说明被通报分支行违反的具体制度和文件，使下边有章可循，避免出现重复差错。针对农业贷款，总行应根据现实情况，制定一个系统的、有针对性的规章制度，对于农业贷款抵押物的界定、贷款所需资料等问题做一个详细的说明。

将制度细化为制度的制定、制度的试行以及制度的后评价三个阶段。在制度制定前，制度汇编人员应同时考虑高层领导与基层员工意见以及不同部门之间的诉求，细化各业务条线，制定系统的、针对性强的制度与操作流程，便于执行人员的理解，特别是针对特殊业务的处理方式，应出台相关制度和政策，详细说明界定标准，明确职责，将特殊业务压力分散于全行；制度出台后，进入试行阶段，应该建立咨询平台，对制度的执行情况予以反馈，及时修改与更新。

4.检查监督方面

应定期、不定期地做好合规检查，做好每月和每季度的支行自查工作，将自查做细。应根据监管部门及总行检查发现的问题，及时下发风险提示，对信贷业务督促逐条进行整改，并将全年信贷检查出的问题及整改报告汇总成册，努力解决“屡查屡犯，查而不究，究而不改”局面。应建立定期差错通报制度，定期通报，限期整改。应设立专门的事后监督岗，由专人负责传票整理和授权。

建议设立业务稽核岗，专人专岗进行稽核工作。该岗位的设立一方面起到监督的作用，把事中稽核放到事前进行，提前处理稽核工作。另一方面起到咨询的作用，同时该岗位还可以对前台工作人员起到提醒作用，对于新出的合规政策，由该岗位人员负责传达，并提醒前台工作人员务必遵守规定，避免由于工作的繁忙而出现一时疏忽。

关于稽核岗位的设立可以有三种形式：一是各支行自己负责，由各支行内45岁以上或者退休的老员工负责稽核工作，由于前台工作强度很大，这些员工已经不适合在前台工作，但是他们有丰富的工作经验，由他们对前台业务进行稽核，加强风险防控。二是分行或管理行负责，由管理行进行分片区管理，管理行的工作人员负责特定区域内的几家支行的稽核工作，如果有不合格，管理行发出通知单，责令行长改进。实行双向报告制度，一方面给支行领导报告，另一方面报告给管理行，形成制约，把现场稽核日常化、事中化。三是让总行采取外派的形式进行稽核，以保持稽核的独立性。也可以由各支行拿出经费，把稽核业务外包，但是外包存在信息外漏的风险。

5.合规管理保障机制方面

在现有合规问责机制中加入正向激励机制，对提出合理化建议的单位和个人给予相应的物质奖励。加大技术对合规管理的支持力度，如果在现有条件下无法建立完善的合规风险管理信息系统，那么应该对现有系统进行改造。建议总行科技部对联网检查、反洗钱这些核心系统进行改进，实现资源共享。

# 第五章
# 外省市城市商业银行合规管理实地调研

为了了解全国城商行合规管理现状与发展趋势，总结各地城商行合规管理普遍做法和成功范例，最终为城商行合规管理建设提供可资借鉴的有益经验和建议，我们2016年之后陆续赴重庆银行、郑州银行、江苏银行和南京银行进行了实地调研。

之所以确定这4家城商行作为调研对象，主要是因为通过事先的网络调研，认为这4家城商行无论在合规管理水平上还是区域分布和经营规模上均具有一定的代表性，其合规管理做法和经验对于其他城商行合规管理建设有一定的借鉴和参考意义。为此，我们积极联系这4家城商行，行程前就起草和发送了较为详细的调研提纲；各调研行大多做了较为精心的准备，通过座谈会的形式，介绍了其在合规管理上的基本做法和经验，并与我们在一系列相关问题上展开积极的交流与互动。

我们事后对调研记录和相关调研资料进行了全面的研读与总结，概括出各调研行在合规管理上的基本做法和经验，最后总结了各调研行合规管理共性与特性总结，提出了相关启示与建议。

## 一、调研行合规管理的共性

总结调研行合规管理的共性主要依据三个方面的材料：一是实地调研

的会议记录；二是4家城商行披露的年报及网上的相关新闻报道；三是知网上搜集到的关于这4家城商行合规管理的相关论文。

共性主要集中在以下几个方面：

### （一）合规管理体系方面

第一，4家城商行都构建了以股东大会为权力机构、董事会为决策机构、监事会为监督机构、管理层为执行机构的现代公司治理结构，明确规定了“三会一层”各治理主体的议事规则与决策程序，确保“三会一层”运作顺畅有序。

第二，4家城商行都构筑了完善的合规风险管理“三道防线”，作为第二道防线的合规管理部门，在事前和事后实施专业化合规管理。4家城商行根据对合规的理解、文件的规定以及结合自身情况，都设立了相应的合规管理部门，明确了合规管理部门的职责及报告路线。

### （二）合规文化方面

第一，4家城商行都非常重视合规文化建设，树立了正确的合规理念。4家城商行都能正确处理合规与发展的关系，树立了“合规从高层做起”“主动合规”“合规人人有责”“合规创造价值”的合规理念。董事会、监事会及高级管理层都高度重视合规管理建设，大力支持合规管理工作，率先垂范参与各类合规宣导；员工也基本能按规定行事，做到“主动合规”“合规人人有责”。

第二，4家城商行都组织了形式多样的合规培训、教育与宣传工作。这一方面体现了4家城商行对合规管理的重视，另一方面也丰富了合规文化的内涵。这4家城商行关于合规管理的培训教育都是既有合规管理的专门培训，也有穿插在新员工培训及其他业务培训中的合规培训，还有一些案例警示教育、法律法规、规章制度的讲座等。宣传合规文化的方式更是多种多样：征文比赛、演讲比赛、知识竞赛、LED宣传语展示、宣讲会、签订责任与承诺书、发放合规宣传册等活动。

### （三）合规管理制度方面

合规管理制度包括“内规”和“外规”。此次调研的4家城商行都能遵守国家的相关法律法规、行政规章和监管部门制定的相关法律规范，并且依据外规结合银行的自身情况制度完善适合本行的合规管理制度体系。由于合规管理制度相对零散，4家城商行均完成了制度的梳理工作，对制度进行分类总结，并且能够对制度进行及时更新完善，增强制度的可读性和实用性。在制度的执行落实中，能够通过多种途径鼓励员工将发现的制度问题向上反映，并组织相关部门进行修正完善。

但制度的问题是合规管理中的关键性问题，四家城商行还在不断的努力，将制度流程化、标准化，增加其可操作性，仍是城商行面临的重要课题。

### （四）合规管理流程方面

目前，4家城商行已经或者在尝试借助合规风险管理信息系统去实现合规的流程化管理，合规管理流程更加科学化。重庆银行的合规风险管理系统和南京银行的内控合规与操作风险管理系统（简称GRC系统）已运行多年，取得了良好的效果；江苏银行的GRC系统刚投入运行，郑州银行的GRC系统也在正常运行中。

合规风险的识别与评估主要是针对内部检查审计、外部监管检查发现的合规风险点以及重点业务条线的风险点，仍不能实现对全行合规风险的整体评估。识别与评估主要是采用定性分析，从风险损失程度和发生频率两个维度进行计算。合规风险报告机制已初步建立，作用也在逐步显现。

### （五）合规管理保障机制方面

4家城商行都建立了完善的合规考核、合规问责和诚信举报机制。合规考核主要通过合规积分进行，既包括对分支行的积分也包括对员工个人的积分。4家城商行都建立了完善的KPI指标体系，对员工既有正向的激励措施，如给予表彰和现金奖励，又有惩罚问责机制，如罚款、警告、记过、降职、开除等。诚信举报方面，均设有专门的热线或板块进行。此次调研发现，这三大保障机制的有效运行单靠合规管理部门是完成不了的，需要多部门的配合。

## 二、调研银行合规管理的特性

合规管理的特性，即为调研行在合规管理上存在的差异及特色。由合规管理共性网络调研报告可知：此次调研的4家城商行在合规管理方面走在了城商行的前列，建立了健全的合规管理体系，树立了良好的合规文化和合规理念，具备了完善的合规管理制度，合规管理流程及合规管理保障机制也是相对健全有效。这4家城商行在合规管理方面的做法很多都是类似的，只是各有所长，在细微的地方有差异。

### （一）调研银行合规管理的差异性

此次调研的重庆银行、郑州银行、江苏银行和南京银行在合规管理方面的明显差异主要体现在以下两点：

1.合规管理体系方面

可通过表5-1比较出来：

**表5-1　4家城商行合规管理部门设置对比表**

| | 重庆银行 | 郑州银行 | 江苏银行 | 南京银行 |
|---|---|---|---|---|
| 合规管理部门名称及成立时间 | 内控合规部（2014年年初） | 合规部（2013年3月） | 风险管理部（2014年1月） | 法律合规部（2014年） |
| 合规管理部门人数 | 29人 | 30 | 38人 | 34人 |

续表5-1

| | 重庆银行 | 郑州银行 | 江苏银行 | 南京银行 |
|---|---|---|---|---|
| 合规管理部门职责 | 五大职责：①法律风险管理；②合规风险管理；③授权；④内部控制评价；⑤检查和案防管理 | 三大职责：①合规风险管理；②操作风险管理；③案件防控 | 六大职责：①内控案防；②合规风险管理；③操作风险管理；④信用风险管理；⑤市场风险管理；⑥评级 | 五大风险管理：①内部控制；②合规管理；③法律事务管理；④操作风险管理；⑤案件防控 |
| 合规管理部门的层级设置及报告制度 | 总行设内控合规部；总行部室设合规联络员；分行中设合规联络员。<br>合规联络员的编制在所在部门，但工作由内控合规部指导，属双线报告制度 | 总行设合规部；分支行设立合规监督员。<br>合规监督员编制在总行合规部，且受合规部管理，属单线报告制度 | 总行设风险管理部；总行各部室设合规与操作风险管理员；分支行设风险合规部。<br>合规与操作风险管理员及分支行风险合规部的人员编制在所在部门，但工作由总行风险管理部指导，属双线报告制度 | 总行设法律合规部；分支行也设有法律合规部。分支行法律合规部的人员编制在所在分支行，并受分支行管理，属单线报告制度 |
| 合规管理部门的历史情况 | 原来叫合规部，有三大职能：①法律；②合规；③授权 | 原来是风险管理部承担合规管理工作 | 原来是法律合规部承担合规管理工作 | 原来是在风险管理部下设二级部门，叫法律合规风险管理部 |

由表5-1可知，此次调研的4家城商行合规管理在组织架构方面差异较大，合规管理部门、职责及层级设置等都有差异。这是各家城商行在合规管理的工作中结合自身实际，基于对合规管理的理解发展形成的。我们在此没有明确指明哪种组织架构更好，因为“只要是适合自身发展的就是好的”。

2.合规风险管理信息系统方面

重庆银行于2012年上线运行内控、合规与操作风险管理系统（简称

GRC系统），系统主要分为合规手册、合规风险识别与评估、规章制度库、合规咨询与合规信息、格式化合同库等8个功能模块。

南京银行于2014年上线运行GRC系统，系统包括内外规管理、检查和整改、积分、问责、评价等15个模块。

江苏银行于2014年7月底上线运行GRC系统，系统包括制度管理、流程管理、操作风险管理三大工具，以及操作风险检查、检查管理、整改与追踪、积分管理、资本计量、报告报表等11个模块。

郑州银行于2014年开始启动建设GRC系统，并已经完成制度梳理工作。其中郑州银行、江苏银行和南京银行的GRC系统建设均是与同一家管理顾问有限公司合作建立。由此分析可知：

第一，重庆银行的合规风险管理系统是单纯的合规管理系统，其模块设置、目标均是为合规管理服务，指向更加明确。而郑州银行、江苏银行和南京银行的GRC系统内容更为全面，不仅包括了合规管理，而且包括了内部控制和操作风险管理，是全行的一个大系统。

第二，从运行效果来看，重庆银行的合规风险管理系统虽然不如GRC系统全面，但由于其目标明确，从运行近四年的效果看，在合规管理方面发挥了很大的作用，特别是其合规手册中，将制度、规定与业务、流程、产品相结合，效果良好。而南京银行的GRC系统运行的这两年中，虽然在合规管理方面发挥了良好的效果，但是由于其前期基础工作不到位，比如说制度按业务条线、按产品数量不到位，前期系统培训宣传不够好等，致使基层员工对该系统利用率不高等问题，现在南京银行重新返回去进行制度的流程化梳理等基础工作，这将增加系统的运行成本。

### （二）调研银行合规管理的特色

#### 1.重庆银行

合规管理工作起步早，是4家城商行中最早实行合规风险管理系统的城商行，而且系统运行的实际效果最好。在此对重庆银行的合规风险管理系统进行详细介绍。

在重庆银监局的引导和推动下，重庆银行以“科学合规”“主动合规”“全面合规”为合规管理总体思路，在授信和会计业务条线上先建立起合规指南、操作指南以及合规风险评估体系，实现了岗位职责、岗位合规、风险控制措施的“三个结合”，合规管理工作迈上新台阶。

（1）搭建信息科技平台，创新“科学合规”内涵

重庆银行运用IT技术建立起来的合规风险管理流程，具体包括：

一是引入“地域层级”，探索跨区差异管理。重庆银行在此次系统开发中设计了地域层级的概念，分行可以通过合规风险管理系统上传当地的政策法规，各分支机构也可以通过该系统上传本机构的内部规章制度。这样可以使总行业务管理部门及时查看、了解各分行当地的外规政策，使总行制定的政策更加有利于异地分行的执行，解决因总行不能及时了解当地政策，制定的制度分行无法执行的现象，而且总行业务管理部门还可以通过系统及时地了解各分支机构内部管理状况，起到上下沟通的作用。

二是嵌入“合规手册”，动态展示合规标准。合规手册模块是该行合规风险管理系统的又一亮点。此次完成的合规手册项目共包含授信和会计条线的142份合规文件，244个业务操作流程，覆盖了授信和会计条线主要的产品和活动，由操作程序、合规要点与合规风险提示、合规标准索引等9个部分组成，均采用统一标准格式编制，实现了规章制度的具体化、标准化和流程化，更主动适应了未来流程银行的发展趋势。

在合规风险管理系统中，合规手册得以系统化、动态化地展示。例如，合规手册中的第五部分——操作程序、合规要点与合规风险提示，通过流程图可以形象地展示出各项业务的操作步骤、合规要求和合规风险点。由此，可以清晰、直观地告诉一线员工在开展业务活动时应该怎样做，应该在什么时候做，应该在怎样的环节去做，应该由谁来做，应该做些什么，为什么要这样做，等各项具体要求。不仅能促进员工熟悉掌握本岗位各项操作环节中的合规要求和合规风险点，促使员工增强风险防范意识，自觉做到合规操作。同时也使管理者能够事先采取措施以防范这些风险的发生，从而真正实现了岗位职责、岗位操作的合规要求，以及风险控制措施的有

机结合。

（2）强化风险识别与评估，建立“主动合规”机制

第一，“三个环节”，构建合规风险识别与管理流程。经由合规风险管理系统，重庆银行进一步强化了合规风险识别与评估体系，不仅探索建立了合规风险识别的程序和方法，而且通过对授信和会计条线的产品、活动、流程、环节合规风险点的梳理，使得授信和会计条线的合规风险管理贯穿于业务的每一个环节、流程和步骤，实现了风险管理由部门控制向流程控制的转变，同时也明晰了从分支机构到总行的各级人员的报告路线。

重庆银行合规风险识别与评估体系由三部分构成，均通过合规风险管理系统来实现报送、审查和汇总统计分析。

一是每季度分支行按照合规手册中的授信和会计条线的产品、活动、流程、环节向授信和会计业务条线管理部门梳理上报各层面检查出的违规信息。总行业务条线管理部门对信息进行分析审查后提交总行合规部。合规部对违规信息再进行分析与审核。

二是每年末各分支行根据每季度违规信息的收集汇总，采用成立自评小组进行违规信息分析，对本机构授信和会计条线存在的合规风险点进行识别和评估，确认哪些流程、哪些环节存在合规风险点，并提出相应的风险控制措施。业务条线管理部门再在分支行梳理风险点的基础上，根据全行风险点的分布情况以及每季度违规信息分析，形成授信和会计业务条线合规风险点的更新。

三是每年末各分支行按照规定要求总结本行合规管理情况，形成授信和会计条线年度合规风险报告提交总行业务条线管理部门。业务条线管理部门形成本条线的合规风险报告，并提交总行合规部，合规部形成全行合规风险报告报送高级管理层。

第二，“四项措施”，实现“主动合规”的“闭环控制”。即为实现对合规风险识别与评估结果的充分运用，该行的合规风险识别与评估体系突出了对分支行违规事件的后续跟踪和对合规风险点的反馈、跟进与控制。通过四个方面的持续跟进措施，促使合规风险评估真正从识别、评估到向控

制和监测的立体闭环控制机制转化，进而实现从“被动合规”向“主动合规”的转变。

一是各机构在对违规事件汇总分析后，要提出本机构或本业务条线的行动计划，发起业务检查，对容易发生违规事件的流程进一步改进，对制度或合规指南进行修订，发布合规风险提示等。特别是要着重提出对存在控制失效风险点的流程做出制度或流程上的改进措施和建议，并组织实施。

二是各分支机构通过对本机构存在的合规风险点的梳理和对其分布状况的分析，建立起本机构自行有效的合规风险控制和管理机制。

三是各业务管理部门根据本业务条线合规风险点的变化，及时更新合规手册中的风险点。

四是合规部将授信和会计条线的合规风险点的分布及分析情况在年度合规风险报告中进行反映和分析。

（3）适时对应内外关联，夯实“全面合规”基础

重庆银行合规风险管理系统除了完成合规手册和合规风险评估的系统化外，还设计开发了“工作台”“规章制度库”“制度解析”“合规员管理”“合规信息”等六大功能模块。为帮助员工深入理解内外部规章制度及其关联，促进“全面合规”，该系统应用了两项重要“关联”：

一是“规章制度库”与“合规手册文件”的适时链接。体现为制度名称适时对应链接的功能，使员工在使用合规手册时可以立即查看到手册文件中涉及的内外部制度的具体内容，从而促进员工在使用手册的同时更好地学习和理解内外部制度的各项规定，促进员工更加合规地完成各项业务操作。

二是监管政策与内部制度、监管政策与政策解读之间的关联。员工在查找内部制度时就能够直接查看到与它关联的监管政策或政策解读的详细内容，从而帮助员工熟悉掌握各项监管政策的精神和要求，促进员工切实执行。

2.郑州银行

郑州银行合规管理工作更加精细化，以合规管理文化建设为例，相比

其他三家城商行就更为细致周到。

河南省银监局近几年连续在全身范围内陆续开展“合规管理执行年”“合规管理提升年”和“合规管理长效机制建设”三大主题活动。郑州银行积极响应，围绕这三大主题，开展了一系列活动。

一是合规部要牵头举行一次合规大会，以合规为主线，一年一个主题。合规大会上全体领导都要参加，部门负责人要发言，并请支行的代表参加，现场签订岗位合规责任与承诺书。合规大会深刻体现了“合规从高层做起”“主动合规”的合规理念。

二是党群工作部连续两年牵头组织合规演讲，分预选赛、决赛两轮，请银监局来当评委，评选出一、二、三等奖，得奖者要在全行进行合规巡回演讲。因为是身边人讲述身边事，合规演讲的效果很好。合规部组织全行员工参加合规竞赛，按成绩高低评出一、二、三等奖，发放奖金。

三是制定《合规手册》，内容包括各部门合规职责、合规格言、合规的基本要求等，与《合规手册》配套进行的有：设立合规警示牌，在每个办公桌上放合规标签、电脑屏保，LED滚动屏上播放合规格言。

四是为实现上下联动，充分了解员工思想动向，郑州银行还在全行范围内开展“阳光谈心”活动。“阳光谈心”活动旨在通过总行高层领导与分支行行长谈心、分支行行长与所在单位员工谈心这样的分层次谈心活动，鼓励员工心往一处想、劲往一处使，培养员工的合规意识、合规习惯、合规文化理念。

五是借其内部刊物《郑州银行职工》《郑州银行信息》《郑州银行“合规执行年”活动专刊》，对行里的合规动态、监管部门的监管要求、合规的感悟心得以及合规案例等进行梳理、汇总和刊发，形成全行范围内“人人学合规、人人懂合规、人人讲合规”的舆论环境。

六是持续开展一系列合规管理培训学习工作。合规培训由人力资源部和合规部配合进行。郑州银行还要求全员重点学习与银行业监管、经营有关的法律法规、监管规章、规范性文件，以及该行体系制度和各类操作规程，并将银监会成立以来制定的重要监管规章、指引下发给全行员工，结合自身实际有针对性地重点学习。

七是建立合规建议奖励制度，提高员工主动合规与自觉合规意识。员工提出的合规化建议只要得到认可，就有相应的奖励。

八是设有合规通报制度，合规部将合规监督员发现的问题面向全行进行通报，一个季度通报一次，激励员工合规操作，提高合规意识。

3.江苏银行

江苏银行在合规管理上的突出特点是合规管理内容科学全面。其合规管理涉及企业文化、合规管理体系、合规管理框架、合规管理部门的职责、合规管理流程、合规风险管理系统、合规风险评估、员工的合规评价、合规检查、内控案防长效机制建设等。由于江苏银行的书面交流材料较少，在此未做详细介绍。

4.南京银行

作为此次调研的城商行中的唯一一家上市的银行，其合规管理工作起步较早，做法先进。南京银行较早上线运行了GRC系统，虽然运行中还存在一定的问题，但为其他城商行的合规管理工作提供了新的思路和经验作法。

南京银行于2014年在一级部门设立了法律合规部，是对法律、内控、合规管理的加强。法律合规部内设内部合规部、法律事务管理部、操作风险管理部以及案防部、综合部5个部门，基于这5个部门形成了南京银行内控合规的四大版块，即内控合规、操作风险、法律、案防，然后又通过这四个版块去构架南京银行的合规管理体系。

在此之前，合规管理部门是风险管理部下设的二级部门，叫法律合规风险管理部。原先的风险管理部下设有多个部门，是按照全面风险的概念来构建的风险管理体系。法律合规风险是一个二级部门，内部控制与操作风险是和法律合规部并列的二级部门。法律合规风险管理部、内部控制与操作风险管理部从构架上看，一个是法律合规风险，一个是内部控制与操作风险。在具体工作上，有些内部控制风险与操作风险混为一谈而没法落地，内控工作在这个部门没有突出的体现，应该重新梳理制度，独自成立一个部门，但是考虑到法律合规和风险管理工作的紧密性，所以暂时合在一起，资源共享。

南京银行现在的内控合规部与风险管理部是两套人马一套班子。从内部来看，内设部门虽然是分开的，但信息是互通的。比如，信用风险的贷后检查在风险部门，但是信用风险的贷后检查和内控合规检查是有交叉的，跟案防的检查也是有交叉的。这样能把检查整合起来，职责理顺。

进一步看，南京银行在合规管理方面主要做了以下具体工作：

第一，理顺合规管理制度。包括制度标准化项目在内的制度管理是内控合规管理的源头。各项检查反映出来的问题90%以上还是制度执行的问题，这就不得不反思究竟是人的问题还是制度的问题。针对制度太多、太散、太乱，以及让员工学习可读性差的问题，南京银行启动了制度标准化项目和GRC系统制度建设，后者包括内外规管理、检查和整改、积分、问责、评价等15个制度板块，这些板块一起合作组成GRC系统的制度运行基础。

制度标准化建设是全面的制度，不仅包括业务方面、流程方面的制度，还有管理、组织、财务方面的制度。南京银行具体是把制度分三类：即管理制度、产品类制度、支持保障类制度（如财务会计制度）。这三者之间有紧密的联系。比如，如果以产品类为核心开发出产品，就应当符合产品类制度中有关产品的规范性定义；但同时该产品的经营又可能在整个授信业务或同业业务中，那么，它的流程应当符合管理类制度的相关流程；而在产品实施的过程中，如何支持保障，这就需要多个制度的相互协调。

第二，加强合规约束。就合规管理来讲，合规约束是很重要的，除了有正面的影响之外，还应该有负面的评价。为此，南京银行将重大违规问责和轻微违规积分相结合，启动了积分制度。目前梳理了15个业务条线，共953条积分的标准，这些积分标准都在业务环节的关键点。积分和问责除了在重要程度区分之外，积分注重过程，不注重结果，而问责只注重结果。为了保持全行统一，做了处罚的标准，以保持全行在合规约束上的公平性。

第三，建立全面风险管理评价体系。这个体系中经营单位风险合规和评价以五分之一的量来进行考核，即在考核指标中设20%的权重给风险合规。

第四，加强案防管理。在法律合规部专设案防管理二级部门来完善案防管理制度。南京银行把案防从内控和合规中脱离出来，单独来考虑案防操作。目前在资金的查控方面、企业的对账方面及日常管理方面等加强案防工作。

第五，统筹内控和合规工作。合规更多的是与监管机构相联系的，其要求各项工作符合“外规”。“内规”实际上是内部控制体系。合外规最重要的是转化为合内规，即内控和合规是相结合的。南京银行是由这一个部门统一来解决两者联系问题。

GRC系统在内控合规和操作风险管理方面发挥了很大的作用，包括在制度管理层面上，对制度的规范化有了很大的提升。比如，原先的检查工作比较分散，有了这个系统之后检查就是一个整合的、全行的，各个条线的检查都集中体现在GRC系统上，检查的计划是什么，检查的结论是什么，检查出了哪些问题，都在这个系统上集中体现，对于牵头部门来讲，不用到处去各部门搜集资料，这个系统本身就是一个整合的数据。

第六，加强多部门的合作与协调。业务是不是合规，需要内控合规部和业务部门一起来进行论证。不同部门参与开展这项业务，能够把业务开展与合规管理统一起来。合规检查也是的多部门合作进行，包括内控合规管理部门和风险部门组织的贷后检查，进行一些资源的共享，检查出的问题督促整改。

## 三、启示与建议

通过调研行的实地调研与交流，就进一步完善和加强城商行合规管理制度，我们有以下启示与建议。

（一）启示

第一，合规风险的信息化管理是未来合规管理的一大趋势，任何银行都会面临。虽然合规风险管理信息系统前期投入成本较高，但实际运行中将会对银行的发展起到长远的作用。南京银行的例子也告诫我们：在建立合规管理信息系统之前一定要做好前期的基础工作，比如制度的流程化梳理、系统上线时的培训和宣传等，只有这样才能提高系统的使用效率，发挥其应有的作用。

第二，合规管理工作不是一个部门的事，各个部门应相互配合。合规管理单独依靠合规管理部门是不够的，还需要董事会、监事会、经营层、业务部门、内审部、纪委等多个部门协调配合、分工合作。只有这样才能把合规管理工作做得更好。

第三，合规从高层做起绝不是一句空话。在此次调研之前，一直以为“合规从高层做起”只是理论构建的需要，只是各家银行喊的口号，虚无而不实际。但是这次调研让我们深刻地认识到，只有银行的高层重视合规管理工作，对合规管理工作给予大力支持，合规管理工作才能得以顺利开展，发挥效果，提高效率。比如，合规风险管理信息系统涉及全行各个领域，更需要与外部机构合作，耗费巨大财力，如果得不到高层的支持，那么合规风险管理信息系统的建立和工作开展就不可能进行。

第四，各城商行对合规管理的定义以及对合规管理与风险管理、内部控制关系的不同理解影响着城商行的组织架构。这4家城商行的内部组织体系、合规管理部门及职责各不相同，且是发展变化着的，这虽然与各家银行实际情况有一定关系，但更多的原因可能在于对合规概念的界定，以及对合规管理与风险管理和内部控制的关系理解不同。

（二）建议

1.合规管理体系方面

第一，构建适合本行特色的合规管理组织架构。是在总行建立集中的合规管理部门，各分支机构也建立对口部门接受总行领导，还是总行建立合规管理部门，但分支机构不设立对口部门，只是在各业务条线上设置合规专员承担相应的工作职能？各城商行应结合自身实际情况构建适合的合规管理模式。

第二，在合规人员配备上，要尽可能地给予支持，同时要注重合规人员的培养，做到有计划、有重点地培养合规人员，提高合规人员管理水平和责任。所以，应通过各种有效途径引进专业人才，大力加强教育和培训，打造一支素质优良、技术过硬的专家型合规员队伍。

第三，明确合规管理部门的职责和定位以及与内审部门、业务部门、风险管理部门之间的界限，形成部门间良好的合作机制。

第四，构建清晰的合规报告路线。目前，城商行的发展在结构上有了新的变化，即以缩小决策半径提高效率为要求，建立垂直化管理和扁平化的机构框架，最终从部门分割逐渐向流程化管理过渡。因此，设计合规报告路线也要适应流程化管理的需要。既要满足向总部合规管理部门报告的需求，同时也要向所属分支机构报告，以向上报告为主，并两者兼顾。上报路线中主要分为三个阶段：各级合规报门上报至总行合规管理部门，总行合规管理部门向高级管理层上报，高级管理层向董事会报告。在每一个阶段，均要对相关人员、报告内容、报告方式和报告频率做出明确的、规范的要求。

2.合规文化方面

要树立全员合规理念，加强合规文化建设。具体来说：

第一，董事会和高级管理层要认真切实履行合规经营责任。银行的决策层率先垂范，自上而下地强调正直诚信、守法合规。

第二，牢固树立“合规人人有责”的意识。合规绝不仅是合规管理部门的职责，而是所有员工的责任。

第三，强调“有效互动”的合规文化。通过管理层与员工之间、上级与下级之间的有效互动，合规管理效应才能得到有效发挥和传导。

第四，积极开展合规培训、教育和宣传活动。

3. 合规管理流程方面

尽快开发建立合规风险管理信息系统。通过系统强化合规风险监测、识别与评估体系，优化并有效运行与业务创新相适应的“主动提前介入、过程关注、合规评审后评估”的全流程合规评审，实现合规风险管理由部门控制向流程控制的转变。

4. 合规管理保障机制方面

关键要建立科学的合规考核机制、有效的合规问责机制和诚信举报机制。

另外，此次调研发现，许多城商行对合规管理风险没有一个准确的定义和界定，范围不清，缺乏评估的理论模型及工具，导致目前的合规风险评估大多是以频率和严重度的二维定性评估，且评估的对象也是单纯的风险点或者是产品、业务条线的合规风险，无法实现对全行合规风险的评估。

因此，建议城商行在合规管理建设中应重点解决两个问题：一是搞清楚合规风险的定义、范围。在理论上首先要分清楚合规管理、风险管理、操作风险管理、内部控制、案件防控的概念，诠释好它们之间的关系，搞清楚在实际工作中哪些是有交叉需要合作的，哪些是各个部门应该单独做的，即清楚界定相关部门各自相应的职责。二是尽快研发和建立度量合规风险的模型及技术工具。

# 第六章
# 城市商业银行合规管理体系构建

合规管理不是一个临时性、一次性或单个性的管理行为，而是一个持续性、系统性和制度性的管理工作，这就必须建立和运用合规管理体系来实施。合规管理体系，是由商业银行合规文化、合规政策、合规制度、合规组织、合规流程等要素整合而成的一个旨在降低与控制合规风险的有机整体。中国银监会颁布的《商业银行合规风险管理指引》第八条规定："商业银行应建立与其经营范围、组织结构和业务规模相适应的合规管理体系。"

为什么合规管理一定是一个体系化的过程?

一是合规管理是一个涵盖事前预警、事中控制和事后问责与整改全过程的管理机制，涉及商业银行所有的部门、岗位和人员。

二是合规管理覆盖公司治理、经营管理、业务活动、信息披露、业务操作等各个方面和环节，而这些方面和环节的活动、行为都须符合法律法规、准则和制度的要求。

三是合规管理是一个持续改进的过程，随着外部法律环境和业务产品的不断变化以及内部员工不断更新，合规管理必须根据这些变化及时做出反应和调整。

四是合规管理是一个兼顾各种影响要素、整合各种资源的过程，需要在满足监管要求的基础上，与商业银行自身的经营规模、业务特点、风险特征以及金融环境相适应，使合规管理具有可靠的支持条件和恰当的适用对象。

许多城商行近些年致力于合规管理体系建设，合规管理体系的架构已初步形成。为了有利于提升城商行合规管理体系建设的全面性、严谨性和有效性，我们以下概括性地提出了一个合规管理体系的基本框架及内容，以便于城商行在今后合规管理制度建设过程中有一个框架性和系统性的指南或参考。

这一体系的提出，遵循了银监会有关的指引和规定，借鉴了一些优秀城商行的先进经验，吸收了此次网络调研和实地调研中总结的范例和经验，参考了城商行发展战略和监管目标。

一般而言，一个全面而有效的合规管理体系一般包括以下基本内容：合规文化建设；规章制度建设；组织体系和职责体系建设；合规风险监测与识别、评估、计量和报告；合规检查、考核制、问责和整改制度；合规管理的内部评价与外部评价制度；等等。我们按照一定的逻辑关系将这些内容要素整合成一个整体框架（详见下图）。

本章将按这些内容要素分别进行研究与制度构建。

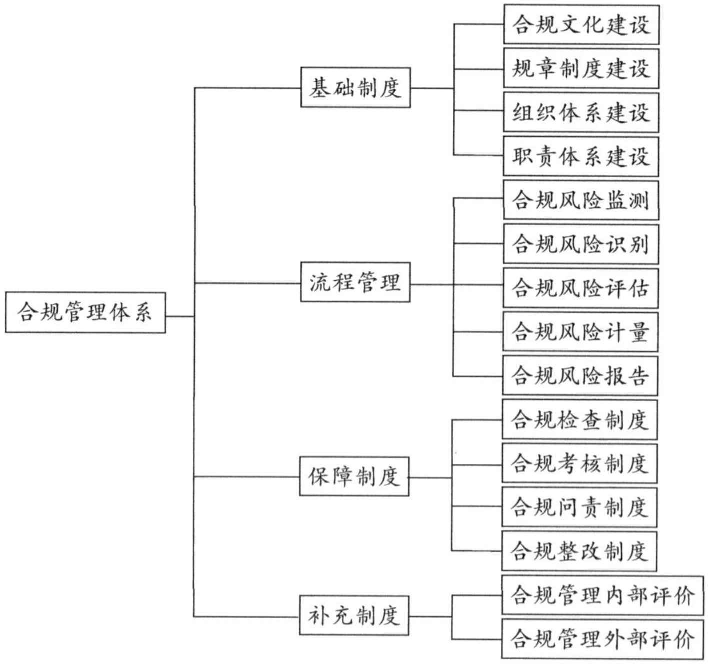


**图6-1　合规管理体系**

## 一、合规文化建设

合规文化建设，是各个城商行在合规管理体系中最重视也是取得成就最为明显的一个环节。之所以重视合规文化建设，是因为作为商业银行在长期发展过程中形成的，被全体员工共同信守的有关合规管理的观念、价值标准、道德规范、礼仪风俗、传统习惯等直接或间接影响着员工行为选择，乃至于战略目标的实现。相比“硬性”的规章制度，“软性”的合规文化具有比制度更为深远的影响。制度是表层的行为依据，而文化则是深层的行为指南，可以引导员工重视制度和规则，遵守制度和规则。如果缺失良好的合规文化，制度与合规管理也只能流于形式，难见实效。只有当良好的合规文化成为员工的内心准则和行为依据时，才能真正构筑起抵御风险的坚固防线，实现商业银行的稳健经营和可持续发展。

具体来看，合规文化的功能在于：有利于减少个人行为与组织目标的偏离，增强成员对组织的认同感，从而降低达成共识的成本；通过合规文化形成群体意识、社会舆论、群体行为准则及道德规范，增强成员的自我约束能力；通过合规文化对合规行为的褒奖和对违规行为的谴责，可以有效激励成员的正面选择。

在合规文化建设中，应特别关注合规文化的载体及其特点，从而有的放矢地进行文化建设。一般来说，合规文化的载体或表现渠道包括：一是知识层，即有关合规管理的基础知识。二是物质层，即内外部传播信息中体现合规文化的名称、标志、产品、宣传等物质载体。三是制度层，即规范合规管理的各类规章制度，广义的还包括商业银行自身的或地域性的礼仪风俗等。四是理念层，即管理者和员工在经营管理中共同信守的基本信念、价值标准、职业道德、精神风貌等。[①]

这四个层面中，理念层是核心，制度层是保障，知识层是基础，物质层是表象。合规文化建设需要从理念层到物质层逐步具体化。相比之下，

---

① 邵平：《商业银行合规风险管理》，中国金融出版社，2010版，106-107页。

具有长期影响意义的是合规文化理念的打造，合规理念是构建合规文化的基础，也是合规文化建设发展的方向，更是合规文化建设的灵魂。

（一）城商行合规管理的核心理念

一般合规文化的打造，主要是指合规文化理念的塑造。那么，城商行合规文化中的核心理念是什么？结合我国城商行实际以及许多城商行高层近些年提出的一系列合规理念，我们认为城商行合规文化的核心理念应包括：

1.合规创造价值

合规管理不能直接创造利润，但却能增加盈利的空间和机会，避免业务活动受到限制和损失，从而间接创造价值。合规创造价值体现在：减少违规风险的发生，就等于有效保护员工；合规可以使银行免受处罚，同时保障债权人权益；合规从文化、道德层面形成员工自我约束机制，从而有利于城商行长远发展；有效合规有助于城商行树立良好的市场形象，使客户、投资者和社会产生强烈的信任感，从而赢得社会声誉和竞争力；面对日益复杂的监管要求和日益严厉的监管处罚，有效合规可形成良好的银监关系，从而减少沟通成本和创造宽松的外部环境；有效的合规管理，可降低城商行的财务损失和管理成本，从而带来价值。①

2.合规是共同责任

这是一个确立全员合规的理念。保证经营管理的合规性是商业银行上至董事会、高管层，下到普通员工的共同责任；银行的所有员工都有责任和义务使自己的行为符合法律法规、准则和制度的要求。

这一理念是“合规从高层做起”和“合规人人有责”的有机统一。原因如下：一是上述两个理念存在重复，且产生了分割。二是如果过于强调“合规从高层做起”，容易对一些员工不遵守合规或执行不力产生托词和借口。实际上商业银行有效合规的首要条件是拥有忠诚的员工，商业银行操

① 邵平:《商业银行合规风险管理》,中国金融出版社,2010版,18-21页。

作风险的大量人为因素和违规案件，都是由银行内部员工的不当行为，甚至是不良行为造成的。“法律面前人人平等”，不存在谁先谁后之分。三是“共同责任”容易形成全行上下拧成一股绳的氛围。实际上对于商业银行来说，违规危害及其后果就是一荣俱荣、一损俱损的结果，因而团结、合作、互帮互助，形成利益共同体，才是真正的合规管理之道。

共同责任对于现实工作来说具有整合资源、加强协作、积极配合的有利影响。比如，南京银行就说：“某项业务是不是合规？合规管理部门应该同业务部门一起进行论证。大家角度不同，业务部门可能多考虑如何去盈利，怎么去营销；内控合规部主要考虑它为何不合规，满不满足底线要求；而风险管理部门要去考虑流程节点的风险把控。因此，不同部门都参与开展这项业务的讨论与规则的制定，则可减少摩擦，达成共识，提高效率。”部门间的这种合作与配合，不仅是来自制度规定和流程需要，更应该是发自于管理者和员工内心的行为。

3.主动合规

主动合规在现实工作中的体现是“主动提前介入、过程关注、结果评估”的全流程合规审视，实现合规管理由部门控制向流程控制的转变。“主动而不是被动”，是把广大员工摆在主人翁地位的选择。这一理念可以与“共同责任”相呼应，既然合规是自己分内的事，是共同的责任，是牵扯自身利益的事，那就应该有意识地、积极地、能动地去做。现实中，银行在业务中应当遵循的规则越来越多，而且变动很快，企业驾驭规则的能力是有限的，只有变被动合规、强制合规为主动合规、自觉合规，真正实现从“要我合规”向“我要合规”转变，合规文化才能真正在商业银行落地生根。

4.合规优先

这是一种工作方式或实际工作中的一种工作选择。把合规摆在业务开拓和盈利之前，是一种符合商业银行长远发展的、值得提倡的选择。进一步看，就是在规范的前提下发展业务，在发展业务时加强规范管理。具体说，就是对风险把握不准、风险未经评估或授权的业务坚决不做。在这一点上，一些城商行员工有着非常清醒地认识，在调研中他们说道：“将合规和风控作为业务发展的前提，对业务的安全稳健运行起到了指引作用”“我们从最基层的前台员工到管理人员，都是把合规意识放到首要的位置。”

### （二）合规文化建设的要点

合规文化建设是一个长期的渐进过程，需要商业银行上下共同努力，常抓不懈，稳步培育。核心是制定和实施“合规文化建设的规划”，长远着眼，提早谋划，统筹安排。对此，有如下建议：

#### 1. 突出合规评价的正向激励作用

如果真正以合规先行来处理业务，就应确立以内在品质定优劣的业绩考核思路，积极调整平衡记分卡考核模式，持续优化业绩评价体系，将合规执行力纳入绩效考核中，作为检验风险管理水平与经营质量的重要标准。同时，建立合规建议奖励制度，提高员工主动合规与自觉合规意识。

#### 2. 管理层的表率与推动至关重要

合规文化建设的有效性首先取决于管理层的核心理念和价值取向，管理层对合规文化的倡导和率先垂范，可以起到显著的示范效应，有效带动广大员工树立合规意识，自觉遵守规章制度。

#### 3. 发挥员工的主人翁作用

围绕“以人为本”“人本管理”，积极关心员工、爱护员工、尊重员工，以此促进员工对企业的奉献与忠诚，形成凝聚力和向心力；促进员工由他律发展到自律，由“别人要求这样做”转变为“我自己应该这样做”。

#### 4. 加强合规培训和宣传

针对不同对象，开展不同的培训，普及合规知识，提高合规技能。建议编写和组织员工学习《银行业案件防控工作资料汇编》《员工合规手册》和《企业文化手册》等学习材料和合规活动专刊，通过管理层带头、全员跟进的办法，提高员工的风险防控意识和案件防范意识。[①]

---

① 邵平:《商业银行合规风险管理》,中国金融出版社,2010版,112-113页。

5.强化制度建设和制度执行

维护制度的权威，通过加大违规惩戒力度和及时有效制止违规操作，营造制度执行的“热炉效应”，提高制度的执行力，并在实践中形成一种“文化”予以渗透。

6.适时启动“合规执行年”行动

每年一个主题，同时举行年度岗位合规责任与承诺书签订仪式，使员工明晰自身的合规责任与义务。

7.上下联动，充分了解员工思想动向

建议全行范围内开展谈心活动。一方面可促使全行上下心往一处想、劲往一处使，培养和提高员工的合规意识和工作责任感；另一方面，还可收集关于改善业务操作、防范风险的合理化建议，了解员工在学习、工作、生活上的困难和问题，积极回应并及时解决。

## 二、合规管理制度建设

合规管理作为商业银行一项核心风险管理活动，制度建设是重头戏。通过制度将合规管理要求落实到银行业务和管理的诸环节，贯穿于员工岗位履职和业务运行全过程。所以，制度建设既是商业银行规范化、有效化管理的基础和重要手段，也是员工行为守则和操作依据，同时还是对全行和员工工作考核评价的依据。

规章制度可分为拟定的和转发的，前者是指由各银行自行制定的规章制度，后者是指商业银行将国家机关制定的规范性文件在系统内转发实施所形成的规章制度。这些规章制度可分为业务管理类和合规管理类。前者是指与商业银行经营管理直接相关的规章制度，后者是指规范合规管理的规章制度。[1]

① 邵平:《商业银行合规风险管理》,中国金融出版社,2010版,116页。

### （一）合规管理制度体系

城商行合规管理制度按照层级关系可分为三类。

1.基本规章

指有关涉及全行重大的、具有战略意义的基本管理事项的规章或公司章程规定应由董（监）事会审议通过的规章。基本规章名称一般使用“制度”“纲要”“政策”“通则”“框架”“规划”“规定”“办法”“规则”等。

2.具体规章

指为落实基本规章规定的某项管理制度而制定的涉及全行经营管理活动的某一类工作、某一类产品、某一类岗位工作的规范性文件。具体规章名称一般使用“办法”“准则”“标准”“指引”“规则”“规程”等。

3.操作规章

指为落实具体规章而制定的关于某项具体工作、某个具体产品、某个具体岗位操作的标准规范性文件。操作规章名称一般使用“实施细则”“实施意见”“指导意见”“操作规程”“操作指引”“业务流程”等。

### （二）设立制度的统一管理部门

我们在调研郑州银行时，他们反映道：“以前常遇到这样一个问题：检查标准和制度执行标准不一致，基层很难执行和操作，遇到问题不知道问谁，不知道向谁请教，向谁咨询。所以制度制定、业务管理和检查的标准必须一致，否则基层部门左右为难。”

为此，郑州银行建议：“合规部负责制度的条线制定、合规执行、后期评价、制度是否要修订等，都要给各部门一个合规建议书。哪些制度需要修订，以制度建议书的形式下发给各个部门。现在每年制度的梳理和修订，要由专门部门管理。”

因此，对于合规管理制度，应实施统一管理，由一个部门统一管理制度的拟定、发布和修改；责任管理明确，根据制度的拟定部门、审查部门、发布部门、执行部门，明确各自的责任，并提高规章制度的完备性。由此，总行合规管理部门作为总行规章制度的合规性审查部门，主要职责有：

第一，适时根据现行法律、规则、准则和监管要求的最新变化，建立本行外部规章制度库，并提出贯彻落实要求，及时提示各业务条线管理部门对相关规章制度进行制定、修订与废止。

第二，建立、更新、维护内部规章制度库。及时收集、发布当年新印发的规章制度，收集、整理、发布上年有效规章制度。

第三，对拟颁布的规章制度在全辖公示，负责收集意见并反馈给规章制度起草部门。

第四，对规章制度制定、修订是否符合本办法规定的流程进行审查，对不符合规定的，要求及时更正重新上报。

第五，对规章制度是否符合现行法律、规则、准则和监管要求，是否与本行现行规章制度相矛盾进行合规性审查。

第六，识别和评估规章制度中存在的合规风险，并充分予以揭示。

第七，组织对全行规章制度的后续评价工作，向相关部门提出制定及修订建议，并督促执行。

### （三）加强制度建设

健全有效的制度体系是商业银行经营管理的前提和基础，也是商业银行加强内部控制与风险管理的内在要求。为有效提升经营管理能力和风险管控水平，强化制度文件的相关性、指导性、可读性、关联性，提出了以下建议。

1.制定“制度的制度”

与国家法律体系一样，商业银行的规章制度体系也需要“宪法”，用以规范规章制度的基本事项和要求；又需要“立法法”，用以规范规章制度的制定权限和流程。目前，商业银行的《公司章程》基本起到了内部“宪法”的作用，但内部“立法法”多数欠缺。有必要制定“制度的制度”，如《规章制度管理办法》等。规范规章制度的制度种类、制定权限、制定流程、制度形式、制度结构、行文规范等事项，这在很大程度上可解决制度制定、内容变更等过程中存在的随意性大、不严肃等问题。

2.建立合规制度体系文件

合规制度体系文件，是与目前普遍采取的，以事项管理为基本内容，分散的制度体系相对应的新型制度体系。目前，城商行内部管理制度基本都是以事项为内容，以章节条款项为结构的制度体系。这种制度体系，都是由不同的部门，在不同的时间，针对不同的事项而制定的。这种分散化的部门制度体系存在“三多”“三难”等弊端，即数量多、重复多、冲突多；协调难、适用难、查找难。这些弊端的结果，就是制度体系庞大，但制度体系间并不协调，执行力比较差，许多文件成为摆设。

作为一种新的制度体系，合规制度体系文件本着法典化、电子化、程序化的准则，通过对规章制度的梳理、解构、整合，创建文档化的规章制度体系，使内部制度得以简洁、协调、方便、有效。

制度不仅要规范，更要有利于施行。建议以流程为基础，全面导入合规管理理念，结合并运用过程管理模型和系统性方法，在原有规章制度的基础上，通过对原有规章制度全面地清理、整合和完善，理顺内部关系，明确各部门及各层级的职责和接口，明确各项活动的职责，建立符合实际情况的，可满足《商业银行内部控制评价试行办法》和《商业银行合规风险管理指引》要求的，且具有文件化、系统化、透明化和可持续改进的合规制度体系文件，从而全面提高银行的风险管理水平，增强风险防范能力，实现稳健、审慎的经营管理。

建立和实施合规制度体系文件的好处还在于：

一是有利于合规管理机制建设。合规制度体系文件建设将文件化体系与岗责和考核相结合，形成了“流程、岗责、考核”三合一的合规管理机制。建立明确的岗责体系，使员工清楚地了解自己能做什么；将岗责和流程相结合，使员工知晓怎么操作；风险点的揭示和应急预案的编写，使员工准确把握操作风险及防范和应急措施；建立明确的绩效考核机制，使员工清楚自己工作的优劣。

合规制度体系文件将岗责体系、报告路线、监测评价、激励机制等多项管理要素有机结合起来，形成一套涉及各条线的行之有效的运行制度，有利于保证各项工作的规范开展，实现“事事有标准、人人有岗责、结果有评价”的目标，从而解决业务流程管理与岗责、绩效管理脱节以及规章制度执行难的困难。

二是有利于促进管理效能与管理品质的提高。通过合规制度文件体系，特别是借助信息科技平台，有效实现随时向各工作岗位提供量化的合规操作标准；实时判断某项操作是否符合标准；及时评估风险程度并提供解决方案；实现不同职能部门之间相互配合、衔接、实时互动和整体持续改进；促使部门银行向流程银行方向转变；提高合规管理体系运行、维护、改进的工作效率和持续生命力。①

3. 为适应未来流程银行的发展趋势

建议学习和采纳重庆银行的“合规手册模块”系统，这一系统建设是重庆银行合规管理系统的亮点。目前，系统包含授信和会计条线的合规文件以及业务操作流程，覆盖了授信和会计条线主要的产品和活动，均采用统一标准格式编制，实现了规章制度的具体化、标准化和流程化。

4. 为顺应制度标准化和流程管理发展趋势

建议学习南京银行“制度标准化”体系建设项目，并统筹内部控制、操作风险和合规管理三者的制度管理体系。内部控制、操作风险管理、合规管理是商业银行当前需要开展的主要管理工作，也是监管部门关注的重点。但这三者之间存在何种关系，值得研究探讨。我们认为，三者应当是各有侧重但又高度统一的整体。内部控制是各项业务和管理活动有序运转的总纲，包括操作风险管理和合规管理；操作风险管理是偏重资本计量角度的“合规”，强调业务连续性；合规管理注重业务和管理活动与监管要求和内部制度相一致。从工作内容来看，三者存在一个共同的基础，即制度管理。

随着近年来城商行管理层级与管理半径的不断加大，传统的制度制定

① 邵平:《商业银行合规风险管理》,中国金融出版社,2010版,175-180页。

和管理方式已难以适应城商行现今的发展规模。现行制度更多的是“管理要求”的集合，难以对“业务流程”形成有效支撑。同时，由于缺少流程专家和制度编辑，制度制定和制度维护缺乏统一标准和机制，在制度管理方面不断暴露出制度可读性不强、检索不易、流程环节不清、履职要求不明等问题。如何提升制度文件的相关性、指导性、可读性、关联性，从而有效强化制度和内部控制的执行力，已经成为当前城商行面临的一项挑战。

制度标准化是指基于流程银行的基本思路，参照国际标准化组织的管理体系及业界先进同业银行的标准和方法，全面梳理和完善本行现有的制度文件及相关标准规范，清理全行的岗责体系，建立全行关键岗位的案头手册和核心产品手册，有效指导和规范各关键岗位员工的实际操作，从根本和源头上强化制度和内控要求的落实，从而有效提升业务经营和风险管理的效率与效果。

制度标准化建设是一项全面的制度建设。做好这项工作有许多环节（即使不做这一项目，以下建议也是有必要考虑或采纳的）：

一是对各项制度进行梳理、修订和整合，彻底摒弃过往类似行政法规的制定方式，改由根据业务流程和具体岗位，将散落在各类制度文件中的规定要求，梳理成系统、明晰，且具有很强执行力的业务操作手册和合规手册，使得制定的制度不与业务脱节，落到实处，将实践中取得的经验最终转换为制度。

二是要持续跟踪关注相关法律法规的最新变化，及时制定或更新相应的规章制度，向管理层及时提出建议并及时准确分解，传递到相关业务部门和业务流程之中。

三是细化各种业务、各岗位的合规风险点（特别是创新类业务），并且形成书面材料或规章制度，始终做到有章可循。

四是创新员工对合规制度的学习方式，使制度内化为员工习惯并且在日常业务中严格遵守制度，提高合规管理制度的执行力。同时，鼓励员工对制度执行中发现的问题及时向相关部门反应，并组织相关部门及时修改完善。

如果城商行有成立专门的合规管理部门，建议上述工作由合规管理部门牵头组织实施。

## 三、合规管理组织体系

合规管理组织体系，是商业银行合规管理体系中最重要的工作内容之一。其本质是为实现银行战略目标而采取的一种分工协作体系，是银行安全稳健运营的重要基础。作为商业银行合规管理体系中的重要要素，其科学性直接关系到合规管理的成效。

一个有效的合规管理组织体系应能够达到以下目标：明确合规管理的责任；确保这些要求融入业务流程；审查业务以确保责任的履行和要求的满足；在必要时采取纠正措施并及时更新。有效的合规管理组织体系由以下几个相互依赖的要素组成：公司治理结构、合规管理部门设立、合规管理部门层级管理。

与此相联系，城商行合规管理组织体系建设核心：建立三个层次的组织体系，全方位覆盖合规管理。

第一层次：治理层与风险管理委员会，负责合规管理大政方针。

第二层次：设立独立的专门的合规管理部门，负责协助银行高层进行合规风险管理。

第三层次：各管理部门、各业务条线、各支行设置兼职合规经理，负责合规风险的报告。

除此之外，需要着重思考和解决以下几个问题：

### （一）设立合规管理部门

如前所述，就目前大部分商业银行而言，合规管理部门的设立有三种方式：

1.单独式

设立单独的合规管理部门承担全行合规管理职责，在合规管理部门内部设立若干合规管理团队。比较典型的是，上海浦东发展银行就采用的这种模式。

2.联合式

一是设立内控与合规相统一的管理部门；二是设立法律合规部统一管理法律风险和合规风险，如民生银行。

3.混合式

将法律合规、授信评审、资产监控等方面的风险管理职责由一个部门（如风险管理部）集中管理；在该部门内部，又设置法律合规、授信评审、资产监控等专业团队，承担相应管理职责。这种模式，在一些小型商业银行或城商行中被采用。

相对而言，混合式是一种相对落后的管理模式，单独式是一种较为先进的管理模式，而联合式是目前部分商业银行的折中选择。但在此我们建议城商行设立联合式模式，理由如下：

一是专业化是商业银行风险管理的发展主线。随着商业银行规模的大型化、业务的多样化、产品的组合化、分布的国际化、外部环境的复杂化，其面临的风险类型越来越细，相应的风险管理部门也越来越专业。

二是目前风险管理部门的独立性趋势非常明显。独立性，既体现在部门的单独设置上，也体现在人员特别是合规管理部门负责人的单独配置上。

三是合规风险是一种综合风险，合规管理部门需要协调多种关系、多个部门；既要处理好与外部监管部门（如银监会、外汇局、反洗钱局、证监会等）的关系，也要处理好与本行其他部门和分支机构的关系。所以通过专门部门加强沟通和协调渠道建设、信息共享和交流机制建设是易于提高工作效率的。①

四是银监会颁布的《商业银行合规风险管理指引》规定，要求商业银行的合规部独立。

五是具有一定的民意基础，也是广大员工易于接受的。此次问卷调查

① 邵平:《商业银行合规风险管理》,中国金融出版社,2010版,129-149页。

数据表明：81%的答卷者认为有必要设立专门的合规管理部门或岗位。另外，在选项“您认为有了风险管理部门和稽核部门，总行是否还有必要设立专门合规管理部门?”答卷者选择“需要”的有66%，选择“不需要”的有27%，选择“不知道或不清楚”的有7%。

实地调研材料显示：许多分支机构认为“应该设立有关部门和岗位对银行合规进行系统化、规范化的管理”“合规管理是分行发展的必备要求，设立风险合规管理部门或岗位势在必行”。

六是鉴于内控与合规管理关系极为密切，而按照银监会颁布的《商业银行内控规范指引》，商业银行应设立独立的、专门的内控部门。而许多城商行目前尚没有专门化的内控职能部门，所以建议城商行可在合规组织建设中，将合规管理与内控组织建设一并考虑解决。另外，通过对重庆银行、南京银行的实地调研，这一模式营运的实际效果较好。

### （二）合规管理部门的领管模式

目前，一些商业银行的合规管理部门隶属于董事会。董事会通过其本身或通过其下设合规管理委员会，或通过具有合规事项决策职能的风险管理委员会来具体管理合规管理部门，合规管理部门向董事会或董事会上述专门委员会直接报告。还有一些商业银行的合规管理部门隶属于高级管理层，高级管理层通过行长或副行长具体管理合规管理部门，合规管理部门向高级管理层报告。在这两种模式中，第一种有利于保证合规管理部门的独立性，第二种有利于促进合规管理部门与经营管理层的联系。两种模式，各有优劣。

建议城商行合规管理部门由高级管理层领导，理由：

一是合规管理本身属于一项具体的管理职能和管理活动，应属于风险管理中的第二道防线。

二是合规管理覆盖或体现在各类业务活动、操作过程和管理活动之中，与各管理层职能及其职责之间的联系非常紧密，所以合规管理隶属于管理层便于更有效、更及时的规范业务活动和员工行为。

三是董事会偏重监督，建议内部审计部门隶属于董事会，董事会通过审计部门的内部稽核实施对合规管理绩效的再监督。

### （三）合规管理部门的层级管理模式

目前，分支机构合规管理部门的设立上存在两种模式：

1.垂直模式

垂直模式是总行建立合规管理部门，各分支机构也建立对口部门接受总行领导。鉴于目前许多城商行自觉合规的意识还没有普遍形成，下级部门履行合规管理的职责可能会受到种种约束，上级部门有必要强化对下级部门的管理。这种模式有利于执行合规政策，保持全行步调一致性，有利于上级部门的风险管理决策、管理措施、管理意见等及时传递给下级部门，有利于下级部门将风险信息、管理需求等及时、全面、真实地传递给上级部门。

垂直管理下，下级部门的人员由上级部门任免、考核、发放工资；下级部门对上级部门负责；上级部门对下级部门的工作结果承担责任；在报告路线上，下级部门对上级部门实线报告，对分行虚线报告。下级合规管理部门的负责人由上级部门垂直管理，其他人员仍由分行管理。但这种模式可能会在一定程度上影响分行主动管理合规风险的积极性和主动性，甚至会产生一些分歧和矛盾。

2.非垂直模式

非垂直模式是总行建立合规管理部门，但分支机构不设立对口部门，只是在各业务条线上设置合规专员承担相应的工作职能。

这种模式主要是考虑到分支行在合规管理上的能动性，并且有利于把合规管理要求与分支行日常管理工作和业务活动及时、全面地进行结合。

建议城商行目前可暂时考虑选择非垂直模式，随着合规管理人才队伍和经验相对具备时，再过渡到垂直模式，这是商业银行合规管理体制创新趋势。

在非垂直模式下，总行各个部室（主要业务部室）设立合规专员，跟合规部建立同一个渠道，编制还是在各个条线部门，但合规工作具体由合规部指导，属于双线报告制度；分行中设置合规专员，而在设立了风险岗的支行里，风险岗兼合规联络员；其他没有设置风险管理岗的支行里面建立联络员。

（四）合规管理部门与其他部门在合规管理中的关系

1.合规管理部门与业务部门的关系

各业务部门负责本部门或本业务条线的合规管理，负责对本部门或本业务条线进行日常和定期的合规性检查，负责本部门或本业务条线的合规风险的识别、计量、评估和监测工作。合规部负责合规的教育、指导、衡量、监督甚至警告，而对业务过程本身是否合规不承担直接责任，应避免由于建立合规部所引发的合规责任的转移。合规部应为各业务部门和员工提供合规咨询和帮助，通过提供建设性意见等方式，帮助业务部门或业务条线管理好合规风险，并为业务与产品创新提供合规支持。

2.合规管理部门与风险管理部的关系

在合规事务方面，合规部与风险管理部之间应建立密切合作和相互支持的机制。合规部负责合规管理工作，按照风险管理部的要求及时报告合规风险信息，并接受风险管理部在合规管理工作方面的指导及监督。风险管理部负责包括合规风险在内的各类风险的识别与评估，向合规部通报合规风险信息，支持合规部的合规风险监测工作。

3.合规管理部门与稽核部门的关系

合规部与稽核部之间应建立明确的合作机制。合规部的工作应为稽核部的检查提供方向或建议，并接受稽核部的检查与评价。稽核部在常规或专项检查结束后，应将有关检查情况及结论通告合规部，为合规部识别、监测和评估合规风险提供信息来源和依据。

4.合规部与外部监管部门的关系

合规部应及时了解掌握监管部门下发的监管规则、监管意见和风险提示等监管文件，并从合规管理角度，向高级管理层提出有效执行这些文件的相关意见和建议，给予员工理解这些文件的相应指导，持续跟踪这些文件的执行情况。

合规部应积极参与监管规则和准则的制定过程，积极向监管部门反馈意见和建议。

### （五）合规管理部门岗位的设立

#### 1.合规管理部门负责人

合规管理部门负责人，是总行专门负责协调和组织合规管理事务的专职管理者。从职责履行效果看，如果总行合规管理部门的负责人能进入高级管理层是更有利于合规风险的管理。合规管理部门负责人具体负责合规管理部门的组织、管理，对部门的日常工作承担领导责任；就合规管理部门的工作向主管行领导、风险（合规风险）管理委员会报告工作，并提交年度报告；定期向风险管理委员会提交合规管理书面报告；就其发现的任何合规缺陷或违规情况，按照风险管理委员会核准的重要性标准，及时向适当级别的行领导报告；负责与监管部门之间沟通和交流等各项活动，以准确理解监管部门的监管意图。

为保证合规管理部门的负责人有效履行职责，其职责应相对独立，同样负责合规管理的行领导不应兼管业务条线。合规管理部门负责人的收入不应与银行的效益直接挂钩。内审（稽核）部门的合规性审计报告也应通报给合规管理部门负责人。

#### 2.专职合规管理人员

专职合规管理人员，亦称合规经理，也就是合规管理部门的工作人员。专职合规管理人员的配备，可根据各自情况具体设置，但必须符合合规风险相应的管理岗位，岗位设置能覆盖全部的合规管理工作。

#### 3.合规专员

是指在合规管理部门以外的其他各管理部门、各业务条线、各支行兼职从事合规管理的银行员工。专业化是商业银行合规管理的基本要求，但由于合规管理涉及商业银行的每个环节、每位人员，且专职合规管理人员的数量是有限的，难以全面覆盖到各环节。因而有必要根据机构大小、业务难度等因素，在各管理部门、各业务条线、各支行都设置相应数量的合规专员。

为保证合规专员有效履行职责，应由各机构的副职负责人，或综合事务负责人，或业务骨干担任合规专员。兼职合规经理应由各机构推荐，合规管理部门备案或审批。

通过组建合规专员队伍，一方面，作为专职人员的有效补充，可以解决专职合规管理人员不足的问题，使合规管理能深入到经营管理的所有环节。另一方面，通过在业务条线配备兼职合规经理，由于这些兼职人员比专职人员对业务操作的环节点和风险点有更为直接地了解和认识，可以采取更有效的管理措施管理这些风险。特别是合规管理的精髓在于事前控制，通过兼职合规经理的宣传、检查、监控、报告，可以提前发现问题与采取措施，有助于将风险消灭于萌芽状态。

合规专员负责推动合规管理政策、制度、准则在本机构的落实；负责组织本机构合规管理培训和宣传；负责组织本机构合规自查，向合规管理部门报送合规检查报告，或配合合规管理部门在本机构实施的合规检查；负责实时监测本机构合规风险，向合规管理部门报送合规风险事件和合规风险数据；负责合规管理标准、合规手册等规范性文件在本机构实施、检查和改进；根据合规管理部门意见，处理本机构出现的合规风险；负责本机构违规事件的整改落实，并接受合规管理部门的督促、跟踪。[①]

## 四、合规管理职责体系

合规管理是全行从高层到基层员工的一个全面管理体系，按照合规从高层做起的基本原则，应形成从高到低的合规管理职责体系。

---

① 邵平:《商业银行合规风险管理》,中国金融出版社,2010版,154-162页。

### （一）董事会职责

董事会应该是合规管理首要责任承担着和权力拥有者，因而其职责也是最宏观、最根本的，应包括：

第一，审议批准全行合规政策，并监督合规政策的实施。

第二，审议批准高级管理层提交的合规管理报告，并对全行合规风险管理的有效性做出评价，以使合规缺陷得到及时有效的解决。

第三，授权董事会下设的风险管理委员会、审计委员会或专门设立的合规管理委员会对全行合规管理进行日常监督。

第四，本行章程规定的其他合规管理职责。

### （二）风险管理委员会职责

风险管理委员会一般是董事会设立的专门的办事议事机构。主要通过研究讨论全行合规管理的具体问题，全面地向董事会提供切合全行内部合规管理实际的专业意见，并让董事会获得足够的全行合规管理信息，从而有利于董事会提高议事效率，并形成有关全行合规管理的正确意见。风险管理委员会的合规管理职责具体包括:

第一，研究讨论全行合规政策和合规管理计划的制定，评估合规政策和合规管理计划的实施效果，并提出修改意见。

第二，把握和评估全行合规管理的状况，及时发现问题和薄弱环节。

第三，研究讨论全行合规事件的处置及预防对策。

第四，协调全行各管理部门、各业务条线在合规管理方面的相互关系，确保合规管理活动的顺利开展。

第五，确保全行战略实施和业务发展，包括其潜在冲突和新的风险暴露都有独立的合规风险评审。

第六，研究讨论法律、法规、规则和准则等合规管理环境变化对全行经营的影响，为董事会提供合规管理建议。

第七，全面负责重大违规事件等事项的相关处置工作。

第八，掌握合规政策的实施情况和存在的问题，及时向董事会或高级管理层提出相应的意见和建议，监督合规政策的有效实施。

第九，确保业务条线上的员工与合规人员、内审人员及时接受合规管理培训。

第十，确保合规部门负责人能独立的与董事会或其下属委员会进行沟通。

### （三）监事会的职责

监事会的主要职责是监督董事会和高级管理层的合规管理职责的履行情况，其合规管理职责具体包括:

第一，监督董事会和高级管理层是否履行了合规管理职责。

第二，监管董事会和高级管理层合规风险管理的有效性。

第三，监管全行合规政策的实施，确保被认定的合规管理薄弱环节得到及时有效的整改。

第四，每年至少一次评估全行合规管理成效。

第五，通过内部审计部门，监督合规部门的履职情况。

### （四）高级管理层的职责

高级管理层应有效管理全行合规风险，履行以下合规管理职责:

第一，制定书面的合规政策，并根据合规管理状况以及法律、规则和准则的变化情况适时修订合规政策，报经董事会审议批准后传达给全体员工。

第二，贯彻执行合规政策，确保发现违规事件时及时采取适当的纠正措施，并追究违规责任人的相应责任。

第三，任命合规部门负责人，并确保合规部门负责人的独立性。

第四，明确合规部门及其组织结构，为其履行职责配备充分和适当的合规管理人员，并确保合规部门的独立性。

第五，识别全行所面临的主要合规风险，审核批准合规管理计划，确保合规部门与风险管理部门、内部审计部门以及其他相关部门之间的工作协调。

第六，每年向董事会提交合规管理报告，报告应提供充分依据并有助于董事会成员判断高级管理层合规风险管理的有效性。

第七，及时向董事会或其下设委员会、监事会报告任何重大违规事件。

在上述职责中，组建独立的合规部门并明确合规部门的职能定位，处理好合规部门与业务条线的分工与合作，处理好合规部门与其他风险管理部门的关系，处理好合规部门与内审部门的职责分工与合作关系，是高级管理层合规管理的核心职责。

### （五）合规部门的职责

根据巴塞尔银行监管委员会颁布的《合规与银行内部合规部门》原则7的规定，商业银行合规部门的职责是协助高级管理层有效管理商业银行面临的合规风险。根据中国银监会颁布的《商业银行合规风险管理指引》第十八条的规定，合规部门应在部门负责人的管理下协助高级管理层有效识别和管理全行所面临的合规风险。为此，其主要工作职责应包括：

第一，负责推动合规文化建设，培育合规理念并灌输到每个员工思想意识和行为中。

第二，持续关注法律、规则和准则的最新发展，正确理解法律、规则和准则的规定及其精神，准确把握法律、规则和准则对全行经营影响，及时为高级管理层提供合规建议，同时搞好合规咨询工作。通过问题回复的方式，对各机构和员工在经营管理中遇到的合规问题予以答复。

第三，制订并执行合规管理计划，包括特定政策和程序的实施与评价、合规风险评估、合规性测试、合规培训与教育等。

第四，审核评价各项政策、程序和操作指南的合规性，组织、协调和督促各业务条线和内部控制部门对各项政策、程序和操作指南进行梳理和修订，确保各项政策、程序和操作指南符合法律、规则和准则的要求。

第五，协助相关培训和教育部门对员工进行合规培训。

第六，负责推动各机构建立完备的，覆盖到各产品、各业务条线和各管理行为的管理制度体系；负责督促管理制度落实执行，并对管理制度执行中的问题及时督促相关部门修改完善；根据制度规定查处违规违纪行为。

第七，组织制定合规管理程序以及合规手册、员工行为准则等合规指南，评估合规管理程序和合规指南的适当性，为员工恰当执行法律、规则和准则提供指导。

第八，负责或组织合规风险识别。负责各机构、业务条线、客户、产品、员工中存在或潜在的合规风险识别以及风险的变化；负责掌握内外部审计、稽核、监管部门发现的合规风险隐患和合规风险事件；负责收集和整理本行所有的合规风险点并绘制合规风险列表。

重点是合规审核。即通过一事一审核的方式，对全行内部规章制度、业务流程、新产品开发、新业务拓展、新客户关系建立以及向监管机构报送的正式书面材料和信息进行审核；以银行名义通过媒体向社会公众所做的重大事项说明、陈述、声明、承诺，以及以银行名义向消费者发布的广告、产品说明或指引、带有承诺性金融服务方案等事项进行合规性审核。

第九，合规风险和合规管理工作评估。负责评估各机构、业务条线、客户、产品、员工中是否存在或潜在合规风险；负责评估违规风险发生后可能导致法律制裁、监管处罚、重大财务损失和声誉损失等相关风险损失的概率和损失大小，以及对本行整体运营产生影响的程度；负责评估各机构、各业务条线合规管理的状况和改进情况。

第十，负责合规检查和考核。通过现场或非现场方式，对各机构管理行为的合规性进行检验和评估，重点包括：合规管理政策、措施、资源配置是否充分、适当；合规管理政策、制度的贯彻落实和实施状况；员工理解和把握法律法规的程度；各项管理制度、操作规程及实施细则的修订和完善；合规风险问题或合规风险隐患的处置和纠正措施机制；合规风险事项的审核；等等。

根据规定的考核标准，对各机构合规管理履职内容及其效果进行评判打分，并根据分值进行奖惩。

第十一，负责合规问责和整改。根据制度赋予的权限，对有关责任人因故意或过失，不履行或者不正确履行应承担的合规职责，导致本行受到或可能遭受法律制裁、监管处罚、重大财务损失或声誉损失等严重后果以及其他合规风险的行为进行合规风险问责，追究相应责任。负责对已经发生的合规风险或已经识别的潜在合规风险提出整改意见；负责督促整改意见的落实；负责总结风险整改经验，并对管理制度、操作流程提出优化建议。

第十二，负责合规风险处置。对已经发生的合规风险，根据权限采取预防、处置、纠正的措施或建议；负责督促风险处置措施的落实；负责整理合规和违规实例，引导和教育员工。

第十三，处理银监关系。作为监管部门的接口部门，负责与监管部门的联系、协调、资料报送和审核、协助监督等工作。

为保证职责的履行，合规部门应具有直接报告权。合规部门对检查或调查发现的任何不正常情况或可能的违规行为，有权随时向高级管理层和董事会（或下设委员会）报告。

为确保合规部门的独立性，合规部门的预算管理应与合规部门的工作目标保持一致，而不应取决于业务条线或业务条线的盈利状况。在业务条线和相关人员的绩效考核体系中，合规管理应作为独立的考核部分，并占有一定权重，由合规部门负责实施。

高级管理层、各分支机构应给予合规部足够的资源支持，并采取有效保障措施，确保合规人员能够独立履行合规职责。①

### （六）总行部室的职责

总行各部室对本部室或本业务条线的合规经营负有直接责任，总行各部室负责人对本部室或本业务条线的合规经营负有第一责任，履行以下合规职责：

① 邵平:《商业银行合规风险管理》,中国金融出版社,2010版,133-143页。

第一，自觉遵守法律、规则和准则，并监督本部室员工严格执行，防止违规风险。

第二，负责根据法律、规则和准则，持续提出本部室及本业务条线贯彻落实措施，制定、修改本业务条线规章制度和操作流程，确保合规性。

第三，负责按照部室职责组织对本部室及本业务条线合规情况的检查。

第四，负责组织开展本部室及本业务条线的合规管理活动。负责组织本业务条线的合规咨询、教育和培训。

第五，负责本部室兼职合规员的合规管理工作。

### （七）分支行的职责

分支行对本机构合规经营负有直接责任，分支行负责人对本机构合规经营负有第一责任，履行以下职责：

第一，自觉遵守法律、规则和准则，接受总行相关部门的指导，并督促本机构全体员工严格执行，确保本机构依法合规经营。

第二，负责贯彻落实本行各项合规管理制度，组织制定本机构实施方案，确保合规性。

第三，负责组织对本机构合规情况的检查。

第四，负责组织开展本机构的合规管理活动，负责组织开展本机构员工的合规咨询、教育和培训。

## 五、合规管理流程

合规管理流程内容广泛且具体，本书在此只进行了框架性介绍而没有进行详细的构建，但仍可为进一步的细化奠定基础。在全面风险管理体系下，合规管理的流程主要包括合规风险监测、识别与评估；风险预警与计量；风险报告；风险控制与缓释；风险处置与补偿等环节。

这些合规管理流程的诸多环节也可嵌入业务流程之中，从而实现合规风险的流程控制。

### （一）合规风险监测、识别与评估

商业银行所面临的合规风险状况是不断变化的，合规风险监测的重点是已被识别的合规风险的变化情况、可能存在合规风险的情况、合规风险控制措施、关键合规风险指标和环节以及合规风险预警机制的效果；合规风险识别，是在合规风险发生前的一种分析；合规风险评估，是对潜在合规风险的发生可能性，已发生合规风险的后果所做的分析。

这样，通过对内部某个机构、某个员工、某个行为是否符合法律法规、规章制度的规定进行监视、检测；对其内部某个机构、某个员工、某个行为是否存在或发生合规风险的可能性进行分析判断，在合规风险识别的基础上，应用一定的方法估计和测定某个机构、某个员工、某个行为发生合规风险的概率和损失大小，以及对商业银行整体运营产生影响的程度，以决定如何采取预防、化解等控制措施。

合规风险监测、识别与评估的范围，应覆盖到商业银行业务审批、操作、管理的全过程以及所有的机构和员工。

合规风险监测、识别与评估的规则、范围、程序和方法等应保持一致，由合规管理部门统一负责，以确保结果的客观性和可比性。

### （二）合规风险预警与计量

这两部分因为均涉及风险指标、模型和风险数据库，所以放在一起便于理解。

1.合规风险预警

合规管理部门应密切关注外部法律法规、监管政策和内部合规风险的变化，加强分析判断，搞好预测预报。为此，建议城商行合规管理部门重点做好两项工作：一是构建合理的合规风险预警指标体系。指标体系的选择和构建，是合规风险预警工作中最核心和关键的内容，将直接决定合规风险预警是否有效。二是建立合规风险预警系统。为有效处理合规风险信息，提高合规风险预警效率，应建立合规风险预警系统。

2. 合规风险计量

合规风险计量是在合规风险识别与评估的基础上，运用计量方法来估计和测定发生合规风险事件的概率以及合规事件发生以后损失程度的大小。精确的合规风险计量是合规管理走向科学化的重要标志。当前，信用风险、市场风险、操作风险的计量方法比较多，也比较成熟，但合规风险的计量方法还处于探索阶段，可以借鉴使用的主要有风险与控制自评法、计分卡法、情景分析法等。

合规风险的计量，既是合规管理的关键环节，又是合规管理的困难所在。合规风险计量的内容主要包括：

（1）合规风险的发生概率

即合规风险在各业务条线、各产品、各机构等领域中的发生可能性。一般是先建立合规风险数据库，再分析合规风险的概率等方法逐步解决。目前合规风险计量的方法在部分商业银行主要是通过定性与定量相结合的方法，如问卷调查、计分卡、设立标准、情景测试、建立模型等计量部分的合规风险。

（2）合规风险的损失

包括法律制裁、监管处罚、重大财务损失和声誉损失等四大类，可以分为直接经济损失、业务机会损失、声誉名誉损失、任职资格损失、人身自由损失等。

（三）合规风险控制、缓释、处置与补偿

在合规风险识别、评估、计量的基础上，需要对合规风险采取控制、缓释等管理措施。目前，合规风险的控制、缓释手段主要有风险规避、风险整改、风险转移等。风险规避是指商业银行拒绝进入或主动退出某一业务、市场的行为，以避免承担该业务、市场或行为所带来的合规风险；风险整改是指商业银行对已经产生的合规风险，通过弥补、纠正等措施，降低或消除合规风险的不利影响；风险转移是指通过购买保险或采取其他合法的经济措施将合规风险转移给其他经济主体。

合规风险处置与补偿，是在合规风险发生形成损失后进行的事后处置和补偿。其中，合规风险处置主要是处理由合规风险导致的剩余价值；合规风险补偿主要是通过资本补偿非预期损失。

（四）合规风险报告

合规风险报告是反映合规管理状况，揭示主要合规风险点，提出合规管理建议的主要方式，是合规管理部门获取合规风险数据的主要渠道，也是管理层进行合规管理决策，监管机构进行合规风险监管，投资者进行风险评估的主要依据。

合规风险报告一般分为不定期报告、适时报告和定期报告三类；同时，根据报告的内容，合规报告还可以分为综合报告、专项报告和诚信举报。其中，综合报告是反映本机构在一定时期内合规管理整体情况的报告；专项报告是反映某一项具体的事件或行为的报告；诚信举报是广大员工通过非公开方式将某件合规风险事项报告给合规管理部门的行为。

建议城商行合规风险报告的路线层次大致有以下几类：支行、分行部门向分行合规专员的报告；分行合规专员向分行和总行合规管理部门的报告；分行部门向总行相关部门的报告；总行各部门向总行合规管理部门的报告；总行合规管理部门向总行管理层的报告。

## 六、合规管理保障制度

合规风险检查、考核、问责和整改是合规管理体系的重要组成部分，对合规管理的有效性起着重要的保障作用。这些活动往往是事后进行的，或者说是在经营管理活动和业务活动进行到一定阶段发生的，是对合规管理流程和日常管理有效性的检验，因而应加以重视。

（一）合规风险检查

尽管巴赛尔银行监管委员会颁布的《合规与银行内部合规部门》和中

国银监会颁布的《商业银行合规风险管理指引》等监管文件中都没有合规风险检查的制度规定，部分银行员工也认为合规管理部门无须合规风险检查。但实践证明，为掌握银行内部各管理部门、各业务条线、各分行、各支行等机构对法律法规、规则准则和内部规章制度的遵守情况，以及合规管理机制的实际运行和有效性等情况，合规管理部门有必要实施合规风险检查。

在城商行通常的三道防线式风险管理体系中，业务部门是第一道防线，稽核部门是第三道防线，而合规管理部门、资产监控部门、授信评审部门等风险管理部门是第二道防线。其中，第一道防线是自我检查；第三道防线是稽核检查；而在第二道防线中，作为合规性风险职能管理部门进行合规检查是应有之意。

在合规风险检查方式中，应以日常监控为主，但专项检查也需要保持一定的频率。在专项检查中，应以现场检查为主；商业银行可以通过开发含有检查功能的合规管理系统开展非现场检查。

（二）合规风险考核

经过对城商行一系列违规事件的分析，相当数量的违规事件与传统的绩效考核体系过分注重经营业绩和短期利益而忽视风险管理和长远利益有直接关系。为了有效纠正传统绩效考核所存在的“重经营、轻管理”的片面性，《商业银行合规风险管理指引》第十五条明确规定：“商业银行应建立对管理人员合规绩效的考核制度。商业银行的绩效考核应体现倡导合规和惩处违规的价值观念。”

从实践效果看，在绩效考核体系中纳入合规管理内容，使广大员工合规遵守情况直接与薪酬待遇、晋升机会挂钩，这样做是有利于平衡业务发展与风险管理，特别是合规管理的关系，有效确立合规与业务拓展同步的理念，减少发生违规行为的可能性，降低合规管理的成本，这对商业银行的持续发展具有积极作用。合规考核的内容涉及多个方面，包括业务的真实性、合规性，规章制度的遵从性，合规问题整改情况，受到外部监管机构处罚的情况。

### （三）合规风险问责

问责，是指对因故意或过失，不履行或者不正确履行应承担的合规管理职责，导致商业银行存在遭受法律制裁、监管处罚、重大财务损失或声誉损失等风险的行为，而进行责任追究的管理活动。

问责，是商业银行公司治理和内部控制的关键，与合规风险考核一样，是合规管理的主要管理资源，也是合规管理得以落实的基本保证。通过合规问责，可以贯彻“执规必严、违规必究”理念，树立规章制度的权威性，落实“谁违规、谁负责”要求，破除“以信任代替管理、以习惯代替制度、以情面代替纪律”等不良文化的桎梏，扭转长期存在的职责不清、责任落实难状况。

### （四）合规风险整改

作为主管合规风险的专业部门，合规管理部门主管合规风险整改是符合其职责定位的。首先，合规管理部门是商业银行风险管理的第二道防线，负责员工行为的规范性管理，违规整改是其履行合规培训、制度建设、合规监测、合规预警等职责的自然延伸。其次，如果城商行成立专门专职的合规管理部门，配备有一定的专职合规风险管理人员，那么就有能力、有条件主管合规风险整改工作。再次，合规管理部门与业务部门没有直接的利害关系，可以抵住经营的压力，有效推动整改的落实。最后，通过主管合规风险整改，合规管理部门可以有效地总结经验教训，促进合规培训、制度建设等职责的有效履行。

或许是基于这些考虑，《商业银行合规风险管理指引》第十八条规定，商业银行合规管理部门的职责之一是“跟踪和评估监管意见和监管要求的落实情况”。为此，合规管理部门应牵头组织、督促相关机构，认真对待监管机构、稽核部门、合规管理部门等在合规检查或审计中发现的各类问题，逐一改正落实，使已发生的问题得到解决，并避免类似事件的再次发生。

合规管理部门是具体负责整改的职能部门，要负责对外监管机构联系；组织、督促、检查违规机构落实整改计划；验收、评估违规机构整改落实效果；总结违规行为和违规整改经验教训。

## 七、合规管理有效性评价

城商行合规管理体系的有效性需要进行评价。通过评价，可以了解、掌握城商行上下合规管理的实际情况和成效，规范城商行日常经营管理行为，对发现经营管理中所存在的问题可以组织整改，使城商行经营管理更加规范、有效，从而提高全行的合规管理水平以及促进城商行监管评级的提高。与此同时，评价结果既可以直接作为合规管理考核的依据，也可以作为建立有效的合规管理考核体系的前期。

评价分为内部评价与外部监管评价两种。内部评价是银行内部的一种自我评估。外部监管评价是由银监会发起和组织的，对城商行及其各分行的经营管理情况进行评价、定级。

合规评价一般包括过程评价和结果评价。其中，过程评价是对合规管理环境、风险识别与评估、合规管理措施、监督评价与纠正、信息交流与反馈等合规管理体系要素的评价；结果评价是对合规管理主要目标实现程度、效果的评价。[①]

①邵平:《商业银行合规风险管理》,中国金融出版社,2010版,265-270页。

# 第七章
# 城市商业银行合规管理体系的实施

合规管理体系建设与实施是一个长期工程，涉及方方面面，事项繁多，难以一步到位。在程序和工作上需要区分出轻重缓急，谁先谁后，不可齐头并进。因而，宜规划先行，重点突出，统筹兼顾，分步实施。对此，实施过程中应考虑哪些主要方面呢?

## 一、目标是什么

城商行实施合规管理体系建设是一项中长期规划和一个持续不断的过程，其最终目标无非是打造可持续发展的城商行“百年老店”，而就直接目标来看，应体现在以下几点上：

### （一）形成一种模式

即构建适应城商行实际情况，符合现代商业银行运行要求的流程银行式的合规风险控制模式。这种模式能够实现合规风险管理和内部控制的连续性和系统性；能够不断地识别各种合规风险，使各项业务和管理活动处于严格的受控状态，并通过持续改进，不断提高合规管理水平。这正是现代商业银行运行机制的内在要求，也是城商行参与市场竞争的重要基石。

（二）培育一种文化

通过合规管理体系的建立，让城商行合规理念和原则在高层和员工脑海中根深蒂固，使合规意识贯穿在企业所有员工的行为中，成为一种自觉和必然的行为准则，形成健康的合规文化氛围。

（三）培养一批骨干

从长远看，合规管理仅靠一个部门或几个人是远远不够的，还必须规划出每一条业务线、每一个业务部门、每一个分支机构的合规管理，如何设岗定责以及与合规管理部门如何互动方案，真正建立一支专业化的合规队伍。通过合规管理体系建设过程中不断的观念更新、学习培训、锻炼提升，造就一大批业务骨干以及具有专业型和专家型的合规管理人才，最终形成一只富有效率的专业化合规管理队伍。

（四）完成一次整合

通过合规管理体系的建立，可对目前城商行业务及管理活动以及相关规章制度进行系统性梳理和优化，整合银行各项业务及管理活动的流程，为流程银行的建设和各项职能管理的开展奠定必要的基础。

（五）掌握一套技能

通过参与合规管理体系的建设，让各级管理者和员工有机会学习、认识和掌握一些风险管理的基本技术和方法，提高大家的风险管理技能和能力。特别是，如何运用先进的风险管理技术来管理合规风险，实现风险防范和业务发展的平衡，对目前城商行来说是一个全新的要求和亟待解决的问题。

## 二、基础工作是什么

建设和实施城商行合规管理体系之前，首先应该做好哪些重要工作？

（一）统一认识

合规管理体系建设和实施必须要解决好合规管理目标与经营发展目标如何统一的问题。现实中，一些人将合规管理与经营发展看成是一对相互对立的矛盾，认为强调和实践合规管理势将阻碍经营发展。在这种观念的指导下，合规管理与经营发展被不同程度地割裂，业务部门在拓展市场时不考虑或较少考虑合规风险。这种割裂的状况不仅不利于经营发展，也容易导致合规风险隐患的增加。如果上上下下都能正确认识和处理好合规管理目标与经营发展目标相互统一的关系，合规管理体系建设才能真正开展起来。

（二）检查摸底，了解现状

为保障和提高合规管理体系建设的科学性和可行性，建议首先应制定城商行《合规管理标准》，并以这个标准和合规数据为抓手，组织全行各机构对照《合规管理标准》自我评估合规管理状况。总分行应分别组织复核，确认各机构合规管理的真实状况。根据自评和复核情况，总结分析全行及其各机构合规管理短板，以此才能有针对性地完善和改进合规管理。

（三）整改和提高

通过检查摸底，对发现和存在的违规问题，按照监管意见及时开展整改。这就需要制定或通过《合规风险整改管理办法》，明确合规风险整改的对象、主管部门、整改流程、整改督导和效果评估等事项。在整改期内，督促各机构和部门及时进行整改效果自我评估，总结经验教训，及时改进管理机制、管理制度和管理流程，处理相关责任人。通过大力整改和提高，为今后全面、系统和有效地推进合规体系建设进行“热身”。

## 三、实施阶段有哪些环节

合规管理涉及面广，实施阶段要有合理、严谨和有序的步骤与任务，具体包括：

（一）起步阶段

主要任务是夯实合规管理基础，搭建合规管理基本框架。有效合规管理的核心是建立有效的合规管理组织架构，核心是：明确董事会对其风险管理委员会负责，高级管理层对合规管理负责；明确合规部门是支持、协助高级管理层开展工作的独立职能部门；明确业务条线对合规管理负第一责任，稽核部门负有监督责任。

（二）提高阶段

主要任务是建设合规管理长效机制。具体包括建设合规管理机制，如规章制度管理；合规风险监测、识别、预警、控制与报告；合规检查与问责等；开发有关合规风险监测、识别、评估的技术手段并积极实施；合规管理标准的完善与运用；合规部门获得为有效实现合规管理所必需的合规考核、合规问责等管理资源；管理层有效推行与落实各项合规政策、措施等。

（三）成熟阶段

主要任务是确保合规管理机制的完善与有效运行，一般来说，判断一个合规管理体系是否成熟的标准包括以下三方面：

（1）文化形成

以合规人人有责、合规创造价值等理念为核心的合规文化已经形成。

（2）机制有效

合规管理有效镶入业务流程，合规管理体系有效运转，合规管理已成为经营管理必不可少的一环。

（3）作用明显

合规管理已成为主动需要，在提升经营管理效率、提高发展质量、树立银行品牌等方面发挥重要作用。[1]

## 四、工作如何推进

建设与实施合规管理体系的主要工作进程与举措，一般包括：

### （一）成立领导小组

在构建合规管理体系的准备阶段，首先在行内成立一个由银行高层挂帅以及主管领导参加的领导小组，并下设一个由各部门相关人员组成的项目工作组，具体负责各项构建准备工作。

其次，考虑到准备阶段的工作与今后合规管理体系建立后的具体实施运作之间保持连续性和稳定性，可事先确定今后预定设立的总行合规管理部门的负责人以及若干名今后在合规管理部门工作的人员，让他们作为项目组成人员从最初的准备阶段就开始参与各项构建工作。

此外，还可根据需要聘请律师和注册会计师等行外有关专家参加构建的准备工作。

### （二）拟定时间表

应当根据目前自身的实际状况，具体规划和拟定合规管理体系构建工作的总体步骤和推进计划。

鉴于目前许多城商行合规管理体系以及相关职能部门尚不够健全，应当尽快着手设立构建工作领导小组，聘请有关专家共同研究商讨合规管理体系构建工作的具体规划和工作安排。

一个有效的合规管理体系的形成，是一个不断积累和完善的过程，至少要经过3年至5年的运作和磨合。

---

① 邵平:《商业银行合规风险管理》,中国金融出版社,2010版,122页。

（三）明确工作推进方式

确定好合规管理体系建设的内容、阶段和要求之后，就应着手推进实施。推进方式主要有以下三种:

1.自上而下方式

即由总行预先设计和安排好合规管理体系建设的所有方面和细节，并编制好一套系统的合规管理程序及合规指南，然后自上而下地向各分支机构传达和推进。

这一方式能在较短时间内高效率的在全行各分支机构建立与普及合规管理体系，但在强调统一性和实效性的同时，这一合规管理体系可能忽视了各分支机构的特点和实际情况。

2.自下而上方式

即由总行确定体系建设的指导方针，各分支机构在衡量各自业务活动和管理工作中所特有的合规风险的基础上制订相关方案，然后上报总行实施。

与上一方式恰恰相反，这一方式的合规管理体系能反映各分支机构的风险特点和实际情况，但推进过程可能不一致且进度相对较慢。

3.混合方式

将上述“自上而下”和“自下而上”两种方式混合，即由总行制定总体方针，再区分银行整体相关事项与各分支机构相关事项。前者由各分支机构制订方案，最后由总行对两者进行汇总后实施。[①]

混合模式比较切合实际，有利于合规管理体系构建工作的顺利推进，但要求全行上下在整体上具有较强的合规意识。可见，混合方式兼具“自上而下”和“自下而上”两种方式的优点，可以说是一种较为理想的推进方式。但由于各行的业务规模、组织架构、文化背景、管理风格及所处环境等因素的不同，在具体推进过程中，应当根据自身的实际情况灵活选择。

---

① 聂明:《商业银行合规风险管理》,中国金融出版社,2007版,70-71页。

最后需要强调的是，合规管理体系建设对于许多城商行来说是一场挑战与创新，需要积极参考与借鉴其他行成功的做法与经验。同时也应按照银监会有关合规管理指南、指引和规定要求，结合自身具体情况，大胆设想，充分论证，方案周到，推进有序。而且，在实施过程中，还应根据情况和政策之变及时做出适时地调整与完善。

# 参考文献

[1] 邵平.《商业银行合规风险管理》[M]. 北京：中国金融出版社，2010.

[2] 聂明.《商业银行合规风险管理》[M]. 北京：中国金融出版社，2007.

[3] 刘红林.《商业银行合规风险管理实践》[M]. 北京：经济科学出版社，2008.

[4] 中国银行业协会东方银行业高级管理人员研修院.《商业银行合规风险管理》[M]. 北京：中国金融出版社，2013.

[5] 罗熹.《商业银行合规概要2013》[M].北京：中国金融出版社，2013.

## 附录一

# L银行合规管理问卷调查表

为了统计和分析调查数据之用，在正式答题之前，请您提供以下必要的信息：

1．您目前所在的岗位（或职务）＿＿＿＿＿＿＿＿＿＿＿＿＿；

2．您从事金融工作的年限＿＿＿＿＿＿＿＿＿＿＿＿＿＿＿年；

3．您已在L银行工作的年限＿＿＿＿＿＿＿＿＿＿＿＿＿＿年；

4．您在本岗位已工作的年限＿＿＿＿＿＿＿＿＿＿＿＿＿＿年。

## 第一部分

请您对以下每一项目做出选择，并在相应的括号中画“√”。

1. 本行最近一次接受总行针对合规管理执行情况的全面检查、评价或考核是什么时候？

接受过，是在（＿＿年＿月）；没接受过（ ）；不知道或不清楚（ ）

2. 您是否曾接受过总行专门针对加强合规管理方面的培训和教育？

接受过，最近一次是在（＿＿年＿月）；没有（ ）

3. 本行最近一次专门以加强合规管理名义召开的宣传、培训和教育会议是在什么时候？

是在（＿＿年＿月）；没召开过（ ）；不知道或不清楚（ ）

4. 去年本行是否曾对合规管理出色的部门或员工给予过表彰？

是（　）；否（　）；不知道或不清楚（　）

5. 据您所知，总行是否对全行合规管理制度进行过全面的清查、梳理和总结？

进行过，是在（____年__月）；没有过（　）；不知道或不清楚（　）

6. 据您所知，本行或本行员工是否曾因为业务操作不合规而受到责任追究？

受到过（　）；没有过（　）；不知道或不清楚（　）

7. 总行或本行制定年度规划时，是否主要考虑业务发展指标，而较少考虑合规管理方面的措施？

是（　）；否（　）；不知道或不清楚（　）

8. 本人或本岗位或本部门的绩效考核中是否包括合规管理方面的内容？

是（　）；否（　）；不知道或不清楚（　）

9. 绩效考核中，合规管理评价方面所占的比重一般为（　）。

10. 您认为，这个比重是______。

过大（　）；适中（　）；过小（　）

11. 据您所知，本行员工在业务执行和操作过程中是否曾发现一些合规管理缺陷和问题并及时向领导报告？

是（　）；否（　）；不知道或不清楚（　）

12. 本行是否曾就合规管理中出现的问题或缺陷及时向上级行反映？

是（　）；否（　）；不知道或不清楚（　）

13. 据您所知，本行是否自己也制定了一些合规管理制度？

是（　）；否（　）；不知道或不清楚（　）

14. 如果本行制定有自己的合规管理制度，主要有哪些？

______________________________________________

15. 您是否见过或学习过来自总行的合规管理制度汇编？

是（　）；否（　）；不知道或不清楚（　）

16. 如果见过或学习过该合规管理制度汇编，其截止到（______年）。

17. 据您所知，总行一般是否会持续性地对合规问题的整改进行督促和检查？

是（　）；否（　）；不知道或不清楚（　）

18. 您自从到本行工作以来，是否见过有员工因为合规考核不过关而受到问责，或者因为合规管理出色而受到表彰的情况？

见过（　）；没见过（　）；不知道或不清楚（　）

19. 您认为，L银行是否建立了公开鼓励员工积极主动举报合规问题的通道或机制？

是（　）；否（　）；不知道或不清楚（　）

20. 如果有，您认为有效吗？

有效（　）；无效（　）；不知道或不清楚（　）

21. 您认为L银行是否专门建立有为分支行或员工提供有关合规问题咨询服务的平台或机制？

是（　）；否（　）；不知道或记不清（　）

22. 总行稽核部门是否对本行合规执行情况进行定期或不定期的专门审计？

是（最近一次是____年__月）；没有过（　）；不知道或记不清（　）

23. 本行的贷款业务、中间业务、存款和柜台业务等业务操作与交易记录的合规性是否会受到总行有关部门的专门检查？

是（　）；否（　）；不知道或不清楚（　）

24. 如果是，您记得最近一次是（　）年（　）月。

25. 据您所知，总行是否将违规案例编为员工学习资料？

是（　）；否（　）；不知道或不清楚（　）

26. 据您所知，总行对近年来招收的大学生是否专门进行岗前合规管理培训？

是（　）；否（　）；不知道或不清楚（　）

27. 据您所知，L银行各业务部门是否设立有专门的合规管理岗？

是（　）；否（　）；不知道或不清楚（　）

28. 据您所知，总行目前是否设立有专门的合规管理部门？

有（ ）；没有（ ）；不知道或不清楚（ ）

29. 您认为有了风险管理部门和稽核部门，总行是否还有必要设立专门的合规管理部门？

需要（ ）；不需要（ ）；不知道或不清楚（ ）

30. 据您对本行的观察，您认为需要进行详细而高频次的合规培训吗？

需要（ ）；不需要（ ）；不知道或不清楚（ ）

31. 您认为严格的合规管理会导致业务机会的丧失吗？

是（ ）；否（ ）；不知道或不清楚（ ）

32. 如果您选择的话，您是否会因追究业务绩效而放松合规管理要求？

是（ ）；否（ ）；不知道或不清楚（ ）

33. 您认为合规管理工作是否应该全员参加？

是（ ）；否（ ）；不知道或不清楚（ ）

34. 就分支行（管理行）来说，是否有必要设立专门的合规管理部门或岗位？

是（ ）；否（ ）；不知道或不清楚（ ）

## 第二部分

请您从每个项目中的五个选项中任选其一，并在对应位置画“√”，来表达您对该项目的意见或看法。这五个选项分别是：

完全同意：完全认同该项目的意思表达，对该项目没有任何异议；

比较同意：比较认同该项目的意思表达，对该项目有一点异议；

比较不同意：比较不认同该项目的意思表达，对该项目有比较大的异议；

完全不同意：完全不认同该项目的意思表达，对该项目有很大的异议；

不确定：认同或不认同该项目的意思均不好确定。

注意：以下调查项目在于了解和描述L银行合规管理现状和水平，请答卷者站在全行或本行的角度对选项做出独立的判断与选择。

附表1　L银行合规管理现状和水平问卷调查表

| 项目编号 | 项目内容 | 完全同意 | 比较同意 | 不确定 | 比较不同意 | 完全不同意 |
|---|---|---|---|---|---|---|
| 1 | 合规管理部门的定位和职责比较模糊 | | | | | |
| 2 | 合规检查中常出现重复检查或覆盖不全的现象 | | | | | |
| 3 | 合规检查多来自银监会、人民银行等外部监管机构的要求 | | | | | |
| 4 | 合规管理培训工作多由风险管理部门和稽核部门承担 | | | | | |
| 5 | 估计很多员工并不十分清楚所在部门、岗位的合规管理目标和要求 | | | | | |
| 6 | 没有制定专门的《合规手册》,即使有,很多员工也没有全面和深入了解其内容 | | | | | |
| 7 | 目前没有专门的委员会或高级管理层负责全行的合规管理建设 | | | | | |
| 8 | 个人岗位没有明确的合规风险点的书面说明 | | | | | |
| 9 | 许多员工并不清楚全行合规管理体系,比如合规管理具体由谁最终负责,谁制定政策,谁监管,谁评价 | | | | | |
| 10 | 员工的合规培训并不到位 | | | | | |
| 11 | 自合规检查之后,一些问题依旧存在 | | | | | |
| 12 | 对发现的合规问题并不都能及时并持续性地予以检查与纠正 | | | | | |
| 13 | 对合规问题的检查频次和深度还不够 | | | | | |
| 14 | 对合规风险缺乏准确的识别标准和量化手段 | | | | | |
| 15 | 偏重业务规模的拓展与产品创新,对合规管理重视度相对不够 | | | | | |
| 16 | 合规管理人员数量有限,导致部分合规管理职责不能有效履行 | | | | | |
| 17 | 目前许多合规管理措施还没有落到实处 | | | | | |
| 18 | 未持续关注有关合规法律、规则和准则的最新发展,并及时制定或更新相应的规章制度 | | | | | |
| 19 | 在业务操作过程中发现合规风险隐患或者发现同事业务操作违规时,许多员工并没有及时向领导或有关部门报告 | | | | | |

**续附表 1**

| 项目编号 | 项目内容 | 完全同意 | 比较同意 | 不确定 | 比较不同意 | 完全不同意 |
|---|---|---|---|---|---|---|
| 20 | 分支机构和基层网点合规岗位不足,职责不清 | | | | | |
| 21 | 合规管理体系及组织架构尚不够全面和有效 | | | | | |
| 22 | 合规管理上存在有章不循现象 | | | | | |
| 23 | 员工并没有从根本上树立全面的合规意识 | | | | | |
| 24 | 合规考核主要集中在前台而较少涉及中后台部门 | | | | | |
| 25 | 合规考核缺乏明确的考核要素、考核指标和考核内容 | | | | | |
| 26 | 合规考核没有激发起员工对合规管理的积极性和主动性 | | | | | |
| 27 | 没有建立完善的合规问责制度 | | | | | |
| 28 | 并未制定切合实际的合规管理目标 | | | | | |
| 29 | 如果制定有合规管理目标,却与本行经营目标并不统一 | | | | | |
| 30 | 并未制定清晰、高效的合规管理流程 | | | | | |
| 31 | 缺乏足够的、符合要求的合规管理专门人才 | | | | | |
| 32 | 并未建立有效的合规风险监测机制 | | | | | |
| 33 | 员工并不清楚L银行有多少合规管理制度 | | | | | |
| 34 | 违规案例并没有被编为员工学习材料 | | | | | |

# 附录二
# 合规管理调查指标的分类

我们首先对“合规管理体系、合规管理制度、合规文化、合规管理流程、合规管理保障机制”等一级调查指标进行分解，分别设立若干调查环节。每个调查环节下细分为若干调查要点，进而形成三个层次的指标体系，即一级调查指标体系，二级调查指标体系，三级调查指标体系，最终形成总体问卷调查指标体系。具体如下。

## 一、合规管理体系

### （一）合规管理目标

28. 并未制定切合实际的合规管理目标。
29. 如果制定有合规管理目标，却与本行经营目标并不统一。

### （二）合规管理的部门及人员配置

1. 合规管理部门的定位和职责比较模糊。
16. 合规管理人员数量有限，导致部分合规管理职责不能有效履行。
20. 分支机构和基层网点合规岗位不足，职责不清。
31. 缺乏足够的、符合要求的合规管理专门人才。

（三）合规管理体系的健全性与有效性

7. 目前没有专门的委员会或高级管理层负责全行的合规管理建设。

9. 许多员工并不清楚全行合规管理体系，比如合规管理具体由谁最终负责，谁制定政策，谁监管，谁评价。

21. 合规管理体系及组织架构尚不够全面和有效。

## 二、合规管理制度

（一）全行的合规管理制度

6. 没有制定专门的《合规手册》，即使有，很多员工也没有全面和深入了解其内容。

（二）结合业务条线的制度

8. 个人岗位没有明确的合规风险点的书面说明。

（三）制度更新问题

18. 未持续关注有关合规法律、规则和准则的最新发展，并及时制定或更新相应的规章制度。

（四）制度落实问题

17. 目前许多合规管理措施还没有落到实处。

22. 合规管理上存在有章不循现象。

## 三、合规文化

### （一）对合规理念的认识程度

5.估计很多员工并不十分清楚所在部门、岗位的合规管理目标和要求。

15.偏重业务规模的拓展与产品创新，对合规管理重视度相对不够。

23.员工并没有从根本上树立全面的合规意识。

### （二）合规培训

4.合规管理培训工作多由风险管理部门和稽核部门承担。

10.员工的合规培训并不到位。

33.员工并不清楚L银行有多少合规管理制度。

34.违规案例并没有被编为员工学习材料。

## 四、合规管理流程

### （一）合规管理流程的健全性与有效性

14.对合规风险缺乏准确的识别标准和量化手段。

19.在业务操作过程中发现合规风险隐患或者发现同事业务操作违规时，许多员工并没有及时向领导或有关部门报告。

30.并未制定清晰、高效的合规管理流程。

32.并未建立有效的合规风险监测机制。

### （二）检查与整改

2.合规检查中常出现重复检查或覆盖不全的现象。

3.合规检查多来自银监会、人民银行等外部监管机构的要求。

11. 自合规检查之后，一些问题依旧存在。
12. 对发现的合规问题并不都能及时并持续地予以检查与纠正。
13. 对合规问题的检查频次和深度还不够。

## 五、合规管理保障机制

### （一）合规考核

24. 合规考核主要集中在前台而较少涉及中后台部门。
25. 合规考核缺乏明确的考核要素、考核指标和考核内容。
26. 合规考核没有激发起员工对合规管理的积极性和主动性。

### （二）合规问责

27. 没有建立完善的合规问责制度。

# 附录三
# L银行合规管理五要素分项答卷结果统计

## 一、合规管理体系

附表2　L银行合规管理体系问卷调查表

| 项目编号 | 选择人数 | | | | | 总计 | 选择占比 | | | | | 单项得分 |
|---|---|---|---|---|---|---|---|---|---|---|---|---|
| | 完全同意 | 比较同意 | 不确定 | 比较不同意 | 完全不同意 | | 完全同意 | 比较同意 | 不确定 | 比较不同意 | 完全不同意 | |
| A | | | | | | | | | | | | 56.6975 |
| 28 | 24 | 76 | 46 | 67 | 36 | 249 | 0.0964 | 0.3052 | 0.1847 | 0.2691 | 0.1446 | 61.20 |
| 29 | 23 | 58 | 67 | 59 | 40 | 247 | 0.0931 | 0.2348 | 0.2713 | 0.2389 | 0.1619 | 62.83 |
| 1 | 33 | 109 | 34 | 53 | 23 | 252 | 0.1310 | 0.4325 | 0.1349 | 0.2103 | 0.0913 | 53.97 |
| 16 | 43 | 93 | 45 | 49 | 18 | 248 | 0.1734 | 0.3750 | 0.1815 | 0.1976 | 0.0726 | 52.42 |
| 20 | 50 | 88 | 39 | 54 | 18 | 249 | 0.2008 | 0.3534 | 0.1566 | 0.2169 | 0.0723 | 52.13 |
| 31 | 40 | 113 | 46 | 37 | 15 | 251 | 0.1594 | 0.4502 | 0.1833 | 0.1474 | 0.0598 | 49.96 |

**续附表2**

| | | | | | | | | | | | | |
|---|---|---|---|---|---|---|---|---|---|---|---|---|
| 7 | 44 | 82 | 58 | 38 | 36 | 258 | 0.1705 | 0.3178 | 0.2248 | 0.1473 | 0.1395 | 55.35 |
| 9 | 64 | 100 | 31 | 35 | 20 | 250 | 0.2560 | 0.4000 | 0.1240 | 0.1400 | 0.0800 | 47.76 |
| 21 | 40 | 111 | 32 | 47 | 18 | 248 | 0.1613 | 0.4476 | 0.1290 | 0.1895 | 0.0726 | 51.29 |

其中，A代表要素“合规管理体系”，其下共设3个二级指标，9个三级指标。

（一）合规管理目标

28.并未制定切合实际的合规管理目标。

29.如果制定有合规管理目标，却与本行经营目标并不统一。

（二）合规管理的部门及人员配置

1.合规管理部门的定位和职责比较模糊。

16.合规管理人员数量有限，导致部分合规管理职责不能有效履行。

20.分支机构和基层网点合规岗位不足，职责不清。

31.缺乏足够的、符合要求的合规管理专门人才。

（三）合规管理体系的健全性与有效性

7.目前没有专门的委员会或高级管理层负责全行的合规管理建设。

9.许多员工并不清楚全行合规管理体系，比如合规管理具体由谁最终负责，谁制定政策，谁监管，谁评价。

21.合规管理体系及组织架构尚不够全面和有效。

## 二、合规管理制度

附表3 L银行合规管理制度问卷调查表

| 项目编号 | 选择人数 | | | | | 总计 | 选择占比 | | | | | 单项得分 |
|---|---|---|---|---|---|---|---|---|---|---|---|---|
| | 完全同意 | 比较同意 | 不确定 | 比较不同意 | 完全不同意 | | 完全同意 | 比较同意 | 不确定 | 比较不同意 | 完全不同意 | |
| B | | | | | | | | | | | | 54.9920 |
| 6 | 59 | 106 | 28 | 33 | 24 | 250 | 0.2360 | 0.4240 | 0.1120 | 0.1320 | 0.0960 | 48.56 |
| 8 | 67 | 92 | 28 | 43 | 19 | 249 | 0.2691 | 0.3695 | 0.1124 | 0.1727 | 0.0763 | 48.35 |
| 18 | 46 | 91 | 52 | 42 | 18 | 249 | 0.1847 | 0.3655 | 0.2088 | 0.1687 | 0.0723 | 51.57 |
| 17 | 41 | 96 | 42 | 52 | 14 | 245 | 0.1673 | 0.3918 | 0.1714 | 0.2122 | 0.0571 | 52.00 |
| 22 | 21 | 70 | 45 | 71 | 43 | 250 | 0.0840 | 0.2800 | 0.1800 | 0.2840 | 0.1720 | 63.60 |

其中，B代表要素“合规管理制度”，其下共设4个二级指标，7个三级指标。

### （一）全行的合规管理制度

6.没有制定专门的《合规手册》，即使有，很多员工也没有全面和深入了解其内容。

### （二）结合业务条线的制度

8.个人岗位没有明确的合规风险点的书面说明。

### （三）制度更新问题

18.未持续关注有关合规法律、规则和准则的最新发展，并及时制定或更新相应的规章制度。

（四）制度落实问题

17. 目前许多合规管理措施还没有落到实处。

22. 合规管理上存在有章不循现象。

## 三、合规文化

**附表4　L银行合规文化问卷调查表**

| 项目编号 | 选择人数 | | | | | 总计 | 选择占比 | | | | | 单项得分 |
|---|---|---|---|---|---|---|---|---|---|---|---|---|
| | 完全同意 | 比较同意 | 不确定 | 比较不同意 | 完全不同意 | | 完全同意 | 比较同意 | 不确定 | 比较不同意 | 完全不同意 | |
| C | | | | | | | | | | | | 58.5011 |
| 5 | 39 | 120 | 41 | 33 | 16 | 249 | 0.1566 | 0.4819 | 0.1647 | 0.1325 | 0.0643 | 49.32 |
| 15 | 24 | 61 | 54 | 78 | 33 | 250 | 0.0960 | 0.2440 | 0.2160 | 0.3120 | 0.1320 | 62.80 |
| 23 | 25 | 80 | 38 | 58 | 48 | 249 | 0.1004 | 0.3213 | 0.1526 | 0.2329 | 0.1928 | 61.93 |
| 4 | 84 | 101 | 33 | 22 | 6 | 246 | 0.3415 | 0.4106 | 0.1341 | 0.0894 | 0.0244 | 40.89 |
| 10 | 45 | 90 | 32 | 65 | 19 | 251 | 0.1793 | 0.3586 | 0.1275 | 0.2590 | 0.0757 | 53.86 |
| 33 | 44 | 93 | 44 | 48 | 19 | 248 | 0.1774 | 0.3750 | 0.1774 | 0.1935 | 0.0766 | 52.34 |
| 34 | 44 | 91 | 45 | 50 | 20 | 250 | 0.1760 | 0.3640 | 0.1800 | 0.2000 | 0.0800 | 52.88 |

其中，C代表要素“合规文化”，其下设2个二级指标，7个三级指标。

（一）对合规理念的认识程度

5. 估计很多员工并不十分清楚所在部门、岗位的合规管理目标和要求。

15. 偏重业务规模的拓展与产品创新，对合规管理重视度相对不够。

23.员工并没有从根本上树立全面的合规意识。

（二）合规培训

4.合规管理培训工作多由风险管理部门和稽核部门承担

10.员工的合规培训并不到位

33.员工并不清楚L银行有多少合规管理制度

34.违规案例并没有被编为员工学习材料

## 四、合规管理流程

附表5　L银行合规管理流程问卷调查表

| 项目编号 | 选择人数 | | | | | 总计 | 选择占比 | | | | | 单项得分 |
|---|---|---|---|---|---|---|---|---|---|---|---|---|
| | 完全同意 | 比较同意 | 不确定 | 比较不同意 | 完全不同意 | | 完全同意 | 比较同意 | 不确定 | 比较不同意 | 完全不同意 | |
| D | | | | | | | | | | | | 66.685 |
| 14 | 53 | 88 | 40 | 51 | 18 | 250 | 0.2120 | 0.3520 | 0.1600 | 0.2040 | 0.0720 | 51.44 |
| 19 | 23 | 76 | 57 | 64 | 29 | 249 | 0.0924 | 0.3052 | 0.2289 | 0.2570 | 0.1165 | 60.00 |
| 30 | 37 | 78 | 52 | 53 | 28 | 248 | 0.1492 | 0.3145 | 0.2097 | 0.2137 | 0.1129 | 56.53 |
| 32 | 26 | 81 | 50 | 63 | 29 | 249 | 0.1044 | 0.3253 | 0.2008 | 0.2530 | 0.1165 | 59.04 |
| 2 | 35 | 135 | 26 | 33 | 22 | 251 | 0.1394 | 0.5378 | 0.1036 | 0.1315 | 0.0876 | 49.80 |
| 3 | 29 | 60 | 67 | 55 | 38 | 249 | 0.1165 | 0.2410 | 0.2691 | 0.2209 | 0.1526 | 61.04 |
| 11 | 39 | 92 | 38 | 65 | 16 | 250 | 0.1560 | 0.3680 | 0.1520 | 0.2600 | 0.0640 | 54.16 |
| 12 | 29 | 65 | 40 | 77 | 40 | 251 | 0.1155 | 0.2590 | 0.1594 | 0.3068 | 0.1594 | 62.71 |
| 13 | 23 | 71 | 54 | 76 | 24 | 248 | 0.0927 | 0.2863 | 0.2177 | 0.3065 | 0.0968 | 60.56 |

其中，D表示要素“合规管理流程”，其下设2个二级指标，9个三级指标。

（一）合规管理流程的健全性与有效性

14.对合规风险缺乏准确的识别标准和量化手段。

19.在业务操作过程中发现合规风险隐患或者发现同事业务操作违规时，许多员工并没有及时向领导或有关部门报告。

30.并未制定清晰、高效的合规管理流程。

32.并未建立有效的合规风险监测机制。

（二）检查与整改

2.合规检查中常出现重复检查或覆盖不全的现象。

3.合规检查多来自银监会、人民银行等外部监管机构的要求。

11.自合规检查之后，一些问题依旧存在。

12.对发现的合规问题并不都能及时并持续地予以检查与纠正。

13.对合规问题的检查频次和深度还不够。

## 五、合规管理保障机制

附表6　L银行合规保障机制问卷调查表

| 项目编号 | 选择人数 | | | | | 总计 | 选择占比 | | | | | 单项得分 |
|---|---|---|---|---|---|---|---|---|---|---|---|---|
| | 完全同意 | 比较同意 | 不确定 | 比较不同意 | 完全不同意 | | 完全同意 | 比较同意 | 不确定 | 比较不同意 | 完全不同意 | |
| E | | | | | | | | | | | | 63.8264 |
| 24 | 40 | 80 | 35 | 63 | 35 | 253 | 0.1581 | 0.3162 | 0.1383 | 0.2490 | 0.1383 | 57.87 |
| 25 | 42 | 86 | 41 | 57 | 23 | 249 | 0.1687 | 0.3454 | 0.1647 | 0.2289 | 0.0924 | 54.62 |
| 26 | 50 | 81 | 49 | 47 | 24 | 251 | 0.1992 | 0.3227 | 0.1952 | 0.1873 | 0.0956 | 53.15 |
| 27 | 25 | 65 | 48 | 80 | 31 | 249 | 0.1004 | 0.2610 | 0.1928 | 0.3213 | 0.1245 | 62.17 |

其中，E表示要素“合规管理保障机制”，其下设2个二级指标，4个三级指标。

（一）合规考核

24.合规考核主要集中在前台而较少涉及中后台部门。
25.合规考核缺乏明确的考核要素、考核指标和考核内容。
26.合规考核没有激发起员工对合规管理的积极性和主动性。

（二）合规问责

27.没有建立完善的合规问责制度。

# 后 记

合规管理是商业银行历来都十分重视的一项风险管理活动，但以前更多停留在一些不够深入的理念、零星的对策、分散的措施上，“头痛治头，足痛治足”，缺乏全面的体系化建设和系统的应对之策。究竟什么是合规管理，其与全面风险管理、内部控制、操作风险管理之间究竟是什么关系，合规管理要不要专门化、职能化，这些问题始终在许多商业银行中没有厘清。实践中的做法和探索也是五花八门、差异甚大。那么，其中有没有遵循的规律可探索、可总结。不仅如此，全面的合规管理体系建设在国内商业银行中也是刚刚开始，比如许多城市商业银行合规部门的成立、组建或者与其他风险管理部门的重新耦合也是近几年的事。可以说，目前合规体系建设在理论上存在许多空白，在实践上的探索和经验积累也非常有限。显而易见，人们对合规管理重要性的认识与实践中制度建设的滞后的矛盾，表现得非常明显。在这种情况下，许多城市商业银行把合规管理体系建设摆在一个非常重要的地位，顺应了商业银行加强合规管理和向流程银行发展的趋势。

商业银行合规管理在实践探索上的滞后，理论积累上的薄弱，成熟管理模式的缺乏，以及研究文献的不足，意味着这一方面的研究面临非常大的局限性和难度。对此，一是采取多种调研方式，诸如网络调查、问卷调查、书面调研、实地座谈等等，扩大调研渠道，广泛收集信息，形成对调研所必需的大量信息和数据支撑。二是讲究理论和实践有机结合，思考问题既要有理论的深度和高度，又要有实践的精度和准度，力争克服理论上的华而不实和实践上就事论事的不足，从而使得调研更有深度，更有广度，更有精度。三是发挥与城市商业银行联合调研优势，形成优势互补、信息共享研究格局。联合调研中我们搜集了大量的信息，这在实践中是非常实用的，在理论研究中也有很好的参考价值。

尽管如此，合规管理研究对于我们来说是一项全新的任务，虽然对此付出了极大的辛苦和汗水，但研究成果并不是令人满意的，其中还存在不少漏洞和不足，需要不断完善和进一步改进。

特别说明的是，从2014年至今，我的许多硕士研究生都参与了这项研究工作，无论是随我一起实地调研还是参与资料的搜集和整理，大家都认真勤恳，并圆满地完成了各项任务。在此尤其要感谢的是杨宇同学，他研究生学习的三年间都参与了这项研究工作，而且还历时一个多月到江苏银行和南京银行进行实地调研和问卷调查，取得了重要的研究数据。

我的老同学、原兰州银行监事长刘层先生从头到尾也参与了这一研究，从研究立项、研究组织、研究计划和计划实施、研究报告，乃至于本书的撰写与修改完善，他无不付出了大量心血。

最后，感谢兰州银行、郑州银行、重庆银行、南京银行、江苏银行、上海银行、广州银行等城商行对我们的研究给予大力支持和积极配合。

这本书是我们大家共同努力的结果，但难免存在不足之处，诚恳希望读者批评指正。

杨肃昌

2020年12月于兰州大学